Heike Dahlmanns, geboren 1957 im Rheinland, Abitur, Studium der Germanistik, Anglistik, Pädagogik und Philosophie in Bonn. Lange Jahre im politischen Bereich tätig, danach unterschiedliche Lehrtätigkeiten. Mitglied im Austria Forum. Veröffentlichung von kriminellen Kurzgeschichten, heiteren Texten und Gedichten in verschiedenen Anthologien. Der erste eigene Lyrikband „Heitere Resignation" erschien im März 2017, der zweite mit dem Titel „Zugespitzt und abGEDICHTEt" im Herbst 2018. Gewinnerin des „Ennigerloher Dichtungsrings" 2018 (Preis für komische Lyrik). Mit ihrer Familie und ihren Tieren lebt sie in Gangelt/Kreis Heinsberg.

Heike Dahlmanns

Jetzt schlägt 's

20

Mehr Gedichte
für Leute von heute

Bibliographische Information der
Deutschen Nationalbibliothek:
Die Deutsche Nationalbibliothek verzeichnet diese
Publikation in der
Deutschen Nationalbibliografie;
detaillierte bibliografische Daten sind im Internet über dnb.dnb.de
abrufbar.

Herstellung und Verlag: BoD – Books on Demand,
Norderstedt

ISBN 9 783751 970549

Umschlaggestaltung: Lena Corsten

Für Agathe

Die Menschen heutzutage sind alle so nervös.
Über jede kleine Kleinigkeit da werden sie giftig bös.
Schimpft einer auf den andern,
Dann sing ich voll Humor,
Damit er nicht mehr schimpfen soll,
Mein kleines Liedchen vor:
Wer schmeißt denn da mit Lehm,
Der sollte sich was schäm'!
Der sollte auch was ander's nehm'
Als ausgerechnet Lehm.
(Claire Waldoff)

Daß die Welt nicht vor ihrer Sünde erschrickt,
sieht ihr ähnlich.
Aber vor eben diesem Spiegelbild
sollte sie erschrecken.
(Karl Kraus)

Ja, die Zeit, das ist halt der lange
Schneiderg'sell, der in der Werkstatt
der Ewigkeit alles zum Ändern kriegt.
(Johann Nestroy)

Vorwort

„Jetzt schlägt 's zwanzig" ist das Ergebnis langen Nachdenkens über den Titel meines dritten Lyrikbandes. Ich habe ihn gefunden, weil ich an die zwanziger Jahre des vorigen Jahrhunderts dachte, die oft als „die goldenen Zwanziger" bezeichnet werden. Man hatte – hoffentlich - den Ersten Weltkrieg und die Spanische Grippe überlebt. Die

7

Menschen wollten Freude haben und leben. Was, so dachte ich, mögen uns die Zwanziger im 21. Jahrhundert bringen? Noch mehr Hektik und Konsum, alles immer noch billiger, noch schneller, noch schädlicher für das Klima, für Mensch und Tier?

Kurze Zeit später hatte ich die erste Antwort: Corona – eine Pandemie. Lockdown – in Deutschland gemäßigt -, Abstand halten, Masken tragen, Hände desinfizieren, keine Veranstaltungen mit vielen Menschen in geschlossenen Räumen. Ich hatte mir so etwas nie vorgestellt: Eine Krankheit, gegen die es kein Medikament gibt. Es schlug zwanzig - und wie. Der Titel passte vorher schon gut, jetzt passte er noch besser.

Natürlich hat auch diese Corona Pandemie ihre Spuren in diesem Buch hinterlassen, wie sich ja vieles, was in Politik und Gesellschaft geschieht, in der Literatur wiederfindet.

Ob es Beleidigungen, Hasskommentare oder gar Morddrohungen im Internet oder den sogenannten sozialen Medien sind oder die immer größer werdende Kluft zwischen Arm und Reich in unserer Gesellschaft, ob es sich um Migration, den Klimawandel oder die zunehmende Zahl von Populisten vor allem in hohen politischen Ämtern handelt, es beschäftigt mich – auch literarisch.

Gerne mache ich mich über solche Dinge lustig; deshalb sind viele meiner Gedichte humorvoll oder satirisch, bisweilen sarkastisch oder zynisch. Aber nur die Dinge, über die man vorher ernsthaft nachgedacht hat, kann man auch ins Lustige oder Lächerliche ziehen. Ich versuche, sie in meinen Texten zu verdichten, meist in Reimen.

Manchmal ist es auch die reine Freude am Spiel mit der Sprache oder am Blödeln, die einem Gedicht zur Entstehung verhelfen.
Aber lesen Sie selbst!

Wie wird es weitergehen? Niemand weiß das ganz genau.
In jedem Fall aber hat es zwanzig geschlagen!
Bleiben Sie wachsam und bleiben Sie gesund!

HD, August 2020

I. Tücken, Tod und Teufel

Jetzt schlägt's zwanzig

(frei nach dem „Nachtwächterlied",
ab 1608 mündlich überliefert, Autor unbekannt)

Hört, ihr Leute, lasst euch sagen,
zwanzig hat das Jahr geschlagen.
Kaum war es da, das Zwanz'gerjahr,
war eine neue Krankheit da.

Hört, ihr Leute, lasst euch sagen,
zwanzig hat das Jahr geschlagen.
Bei Karneval und Fassenacht
wurd noch gefeiert und gelacht.

Hört, ihr Leute, lasst euch sagen,
zwanzig hat das Jahr geschlagen.
Am Aschermittwoch warn wir hie
im Zentrum einer Pandemie.

Hört, ihr Leute, lasst euch sagen,
zwanzig hat das Jahr geschlagen.
Der Landrat machte dann im Nu
Kindergärten, Schulen zu.

Hört, ihr Leute, lasst euch sagen,
zwanzig hat das Jahr geschlagen.
Jeder war sich nun gewiss,
dass das ernst und gefährlich is.

Hört, ihr Leute, lasst euch sagen,
zwanzig hat das Jahr geschlagen.
Zu Hause bleiben sollten wir,
gar manchem fehlte Klopapier.

Hört, ihr Leute, lasst euch sagen,
zwanzig hat das Jahr geschlagen.
Gangelt war jetzt hier im Land
und in der ganzen Welt bekannt.

Hört, ihr Leute, lasst euch sagen,
zwanzig hat das Jahr geschlagen.
In Gangelt wurde dann studiert,
wer, wo und wie sich infiziert.

Hört, ihr Leute, lasst euch sagen,
zwanzig hat das Jahr geschlagen.
Kurz danach war man sehr geschockt,
das ganze Land wurd downgelockt.

Hört, ihr Leute, lasst euch sagen,
zwanzig hat das Jahr geschlagen.
Wie 's weiter geht, man weiß es nie,
das Leben in der Pandemie.

Hört, ihr Leute, lasst euch sagen,
zwanzig hat das Jahr geschlagen.
Junge sowie auch die Alten,
seid wachsam und lasst Vorsicht walten.

Hört, ihr Leute, lasst euch sagen,
zwanzig hat das Jahr geschlagen.
Wer meint, er kann auf Regeln pfeifen,
scheint die Gefahr nicht zu begreifen.

Hört, ihr Leute, lasst euch sagen,
zwanzig hat das Jahr geschlagen.
Mancher sagte: „Alles Quatsch!"
Doch jetzt sind seine Lungen Matsch.

***

Schnelles Ende

Am Anfang lachte Lars.
Dann kam Sars.
Schockschwerenot:
Jetzt ist er tot.

***

Ein Virus wandert durch den Leib

(frei nach „Mein Vater war ein Wandersmann",
Musik von Wilhelm Friedrich Möller, 1950er Jahre;
Text: Florenz Friedrich Sigismund, 1847)

Ein Virus wandert durch den Leib,
durch Rachen, Lunge, Blut.
Es mehrt sich sehr zum Zeitvertreib
und das tut gar nicht gut.
Coroni, Corona, Coroni, Coronahahahahaha,
Coroni, Corona und das tut gar nicht gut.

Es macht sich in der Lunge breit,
das Atmen, das fällt schwer.
Hilft man dir nicht zur rechten Zeit,
dann lebst du bald nicht mehr.
Coroni, Corona, Coroni, Coronahahahahaha,
Coroni, Corona, dann lebst du bald nicht mehr.

Und klopfst du an das Himmelstor,
noch immer virulent.
Dann sagt der Petrus: „Mundschutz vor!
Bin Risikopatient."
Coroni, Corona, Coroni, Coronahahahahaha,
Coroni, Corona, bin Risikopatient.

***

Epizentrum

Wisst ihr, Leute, wo ich wohne:
Ich wohn in der Corona-Zone,
im Epizentrum mittendrin,
da ist 's, wo ich zu Hause bin.
Seit Jahren wohne ich in Gangelt,
nie hat es an was gemangelt,
doch kaum ist diese Krise hier,
da mangelt es an Klopapier.

Willst mit dem Hund du Gassi gehn,
da siehst du schon die Presse stehn.
Tausend Teams mit Kamera
fragen mich viel Blablabla,
filmen Straßen, Schilder, Steine,
am liebsten auch noch die Gebeine
von einzelnen Corona-Toten.
Rücksicht ist wohl nicht geboten.

Im Fernsehn wird man dann gedisst,
wie schlimm es doch in Gangelt ist.
Da schleicht der Tod um jedes Haus
und holt schon mit der Sichel aus.
In Gangelt, da herrscht Todesluft! -
Dank Landrat Pusch ist die verpufft.
Wie er gekonnt die Krise meistert,
hat den ganzen Kreis begeistert.
Die Wählerschaft das anerkennt
mit neunundsiebzig neun Prozent.

Die Hot Spots sind jetzt anderswo:
In England stirbt man sowieso
und in den Staaten gehn zu Haufen
Menschen neue Waffen kaufen.
Getreu dem Präsidialgebot
schießt man das Virus einfach tot.
Alternativ trinkt man auch schon
Mittel zur Desinfektion.

Wie gut, dass ich in Deutschland lebe,
denn hier ist es doch Gang und Gäbe
Leben, wo es geht, zu schützen,
die Mittel dafür auszunützen.
Die GroKo schafft, man glaubt es nie,
in Harmonie die Pandemie.
Die schwarze Null, wir danken Gott,
bewahrt uns vor dem Staatsbankrott.

Jetzt ringt man um die Lockerungen,
gar mancher gibt sich ungezwungen.
An manchem Ort schafft das Verdruss,
weil man dann wieder schließen muss.
Es droht im Herbst auf alle Fälle
eine perfekte zweite Welle.

Nun, ich versuch vor allen Dingen,
der Krise Gutes abzuringen:
Ich muss nie mehr, das ist gewiss,
erklären, wo denn Gangelt is.

Klopapier

Liebling, oh Schatz, ich schenke dir,
ein feines Röllchen Klopapier,
bestimmt hast du doch keines hier
in deinem heimischen Quartier.
Mein Schatz und darum dacht ich mir,
schenk ihr die Rolle Klopapier,
denn jetzt in dieser Krise,
ist 's ohne Papier miese.
Und unserer Toilette Zier
ist schließlich meist das Klopapier,
ist teurer noch als Flaschenbier.
Und ich bin als dein Kavalier
nun dein Versorgungsoffizier.

Mein lieber Schatz, ich danke dir,
du bist so süß und lieb zu mir,
wo ich mich jetzt so isolier.
Denn überall, so wie auch hier,
sind alle Menschen voller Gier
nach weißem, weichem Klopapier.
Doch komm nun, etwas schneller
mit mir in meinen Keller,
da, wo ich dir dann demonstrier,
womit ich meine Notdurft schmier.

Schau, ist nicht dieser Kellerraum
voll Klopapier ein Wahnsinnstraum?
Warum sagst du, du glaubst es kaum?
Warum sagst du, ich sei Abschaum?
Nun halte dich einmal im Zaum!
Denn mir, mir ist das einerlei,
ich steck dir sonst am ersten Mai
in deinem Garten einen Baum
und diesen ich dann dekorier
mit feinem, weißem Klopapier.
Das schwör ich dir!

***

Das Kompott

Sie war seiner überdrüssig,
fand ihn völlig überflüssig.
Darum tröpfelte sie fein
Gift in sein Kompott hinein.
Er war stets sauer wie Rhabarber.
Das war 's: Und an Rhabarber starb er.

***

Meine Oma liegt im Altenheim

(frei nach „Meine Oma fährt im Hühnerstall Motorrad",
Scherzlied, entstanden um 1930, Musik: Robert Steidl)

Meine Oma liegt im Altenheim mit Corvid,
mit Corvid, mit Corvid.
Meine Oma liegt im Altenheim mit Corvid.
Meine Oma ist 'ne sterbenskranke Frau.

Und den Pflegern in den Heimen fehlen Masken.
Darum steckte meine Oma sich auch an.

Meine Oma ist sehr zäh und sie erholt sich.
Doch die Pflegekräfte sind am Ende tot.

Meine Oma schiebt jetzt wieder den Rollator.
Meine Oma, die wird heuer hundert Jahr.

Und dann setzen wir die Oma aufs Motorrad,
auf ein rotes auf dem Kinderkarussell.

***

Der Stierkämpfer

Ein Torero aus Pamplona
erkrankte heftig am Corona-
Virus, doch vor allen Dingen
wollt er noch einen Stier bezwingen.

In der Arena trat der Mann
gegen den Stier zum Kampfe an.
Er begann das Tier zu hetzen,
um den Todesstoß zu setzen.

Doch durch Keuchen, Schnaufen, Pusten
begann er fürchterlich zu husten.
Er konnt das Tier nicht weiter schinden,
musste wieder Atem finden.

So hat der Stier eine Chance bekommen,
hat den Matador auf die Hörner genommen.
Doch eine Frage wäre zu klären
für die Statistik von Pamplona:
Starb der Mann durch, an oder mit Corona.

***

Das smarte Haus

Ein Hoch der Technik und Applaus,
denn ich hab nun ein smartes Haus.
Alles ist voll automatisch,
das erschien mir sehr sympathisch.

Ich bin verkabelt und vernetzt
und digital ins Bild gesetzt.
Ich tue nichts, ich ruh mich aus,
Roboter kümmern sich ums Haus.

Mein Kühlschrank ist 's, der mit mir spricht:
„Kauf ein, vergiss die Eier nicht."
Doch ich vertröste ihn auf morgen,
denn ich, ich hab jetzt andre Sorgen.

Ich will mich heute nicht mehr hetzen,
sondern mich aufs Sofa setzen.
Die Arbeit – stressig heut gewesen –,
ich möchte essen nur und lesen.

Bin so erschöpft, hab Speise acht
vom Restaurante mitgebracht.
Ich beiße in die warme Pizza
und greif zum Bildband über Nizza.

Kaum hab das Buch ich aufgeschlagen,
hör ich die Sonnenblenden sagen:
„Wir verdunkeln jetzt. Der Grund:
Zu viel UV ist ungesund."

Weil ich nun nicht mehr lesen kann,
stell ich mir meinen Bildschirm an.
Der Apparat, er brummt und spricht:
„Na, diesen Mist guckst du jetzt nicht."

Nun schließ ich meine Augenlider,
da mahnt mich Alexa wieder:
„Halt! Und denk dran: Nach dem Essen,
dein Sportprogramm nicht zu vergessen."

Ja, Alexa, wird schon stimmen,
ich muss mich mal wieder trimmen.
Denn meine Waage, die macht Terror:
Stell ich mich drauf, ertönt laut „error".

Also mache ich mich auf
zu einem langen Dauerlauf.
Den Schlüssel stecke ich nicht ein,
komm durch den Netzhautscanner rein.

Halt nur das Auge vor die Linse,
bemühe mich, dass ich nicht grinse.
Doch von dem Lauf zurückgekehrt,
da ist der Zutritt mir verwehrt.

Ich bin verschwitzt und hab geflucht
und alles Mögliche versucht.
Doch der Computer, der bleibt hart.
„Kein Zutritt!", sagt er, „ich bin smart."

Denn der Netzhautscanner scannt
nur die Netzhaut, die er kennt.
Doch ich hab nun seit einem Jahr
an meinen Augen grauen Star.

Und darum sperrt mein smartes Haus
mich am Ende einfach aus.
Die Technik bringt mich noch ins Grab
und nur, weil ich 'nen Vogel hab.

***

Im Coffeeshop

Ich war in einem Coffeeshop.
Da machte es ganz plötzlich: Plopp!
Man hat dort mitten in der Nacht
jemanden schlichtweg umgebracht.
Der ist dann einfach hin gekracht.
Mensch, hat das einen Lärm gemacht!
Ich dachte nur: ‚Was für ein Shit!',
lief fort und nahm das Haschisch mit.

***

Digitalisierung

Heute dreht sich alles um
das digitale Optimum.
Huawei, 5G, Big Data
machen unser Leben smarter.
„Das wird alles optimieren."
So verkünden 's, die regieren.
Schulen, Firmen, Kommunales:
Alles steht auf Digitales.

Doch Probleme gibt 's zuhauf;
die löse ich jetzt einfach auf.
Ich hör auf die, die wir gewählt,
denn ich will nichts mehr, was mich quält.
Mein Ehemann macht mir nur Sorgen,
trinkt und spielt, muss Geld mir borgen.
Und hat Promille er im Blut,
dann kriegt er eine Riesenwut.

Im Netz besorgte ich mir drum
ein Fläschchen Digitalis, um
es meinem Mann ins Bier zu mischen
und ihm dieses aufzutischen.
Das hat den Alten umgehauen!
Der säuft nie wieder und schlägt Frauen.
Ich hab ihn digitalisiert
und so mein Leben optimiert.

***

Der Kasuar

Ein großer, alter Kasuar
einst seinem Züchter böse war.
Der hatte ihn in Oz entdeckt
und dann nach Florida verschleppt
auf seine Vogelzuchtstation.
Dort fristete er lange schon
ein Leben, das ihm nicht behagte,
weshalb er öfter drüber klagte.
Man hatte ihm ganz unbesonnen
schlicht seine Freiheit weggenommen.
Und weil der Züchter ungeschickt
mit seinem Fuß war umgeknickt,
hat ihn der Vogel tot gepickt.

Da zeigt sich, was sich nicht empfiehlt:
Wer anderen die Freiheit stiehlt,
hat selbst am Ende ausgespielt.

Was sollte dieser Kasuar
auch schließlich in Amerika?
Dort wählte man – wohl mit Gemogel –
den gelb-orangen Entenvogel.
Den könnte man mit List und Tricken
im Austausch nach Australien schicken,
ganz tief ins Never-Never-Land,
dort, wo der Boden ist verbrannt.
Da schadet nicht der Vogel! – Hey:
But we shall overcome some day.

Lockdown

Ein Virus macht der Welt Verdruss,
die Menschen werden krank und kränker,
dann ist 's der Staatenlenker Wille,
dass jetzt Stillstand herrschen muss:
die ganze Welt - gespenstisch stille.

Egal, auf welche Stadt man schaut,
es ist sehr still, kein bisschen laut.
Das Marsfeld in Paris – wie tot,
die Straßen Londons, die sonst sehr
leiden unter dem Verkehr,
sind auto- und auch menschenleer.
Kein Wein, Weib und Gesang in Wien,
und Ruhe auch in ganz Berlin.
Dort beim Brandenburger Tor
steht heute niemand mehr davor,
macht Streetdance, andre Kapriolen,
um aus Protest herum zu johlen.
Der Rote Platz - ohne Menschenmenge,
in Venedigs Straßen kein Gedränge
und auf dem Platz des Himmlischen Friedens
herrscht himmlischer Frieden.

Die Flughäfen – zur Ruh gebettet -
sind Parkplätze nur für die Maschinen,
die stehen aufgereiht wie angekettet -
darauf hätt ich nie gewettet -
von Madrid bis zu den Philippinen.

Ostern in Rom – der Petersplatz ruht,
Touristen gibt 's keine – tut auch mal gut.
An den Ostertagen daheim lausch ich in die Stille –
kein Auto, kein Lärm, keine Geräusche,
nur Vogelgezwitscher in dem Gesträuche.
Und der Karfreitag – wunderbar -
ist ein Car frei Tag in diesem Jahr.

Die Natur kann sich erholen:
die Küsten, Berge, Seen und Kanäle.
Luft und Wasser - plötzlich klar.
Auf dem Canale Grande
sieht man wieder Schwäne schwimmen
und Quallen auf dem Grund.
Das Wasser, es wird ein wenig gesund,
denn die Kreuzfahrtschiffe – und zwar jedwede –
bleiben in ihrer Reede.

Wilde Tiere verlieren ihre Scheu
und wandern in die Städte ein,
entdecken diese für sich neu,
sind neugierig zu sehen,
was ihnen sonst verborgen bleibt,
weil die Angst sie treibt,
entfernt zu bleiben von dieser Welt,
die ihnen sehr hektisch nicht gefällt.

Kinos, Museen und Theater: geschlossen;
Theater wird zurzeit nicht genossen,
kein Konzert in diesem Konzertsaal -
für Kunstliebhaber eine Qual.
Und du spürst, was dich quält,
wie die Kultur dir fehlt;
Vorstellung im Autokino –
eine kleine Chance
für die kulturelle Balance.

So ist es im Lockdown;
doch haben wir Zeit,
zu Hause nach dem Rechten zu schaun.
Wir haben Zeit, sind bereit,
Kleidung auszusortieren,
die Wohnung zu renovieren,
neue Rezepte zu probieren,
Keller, Speicher und Garage zu entrümpeln,
anstatt dumpf vor uns hin zu dümpeln.
Die Fahrt zur Müllkippe wird zum Erlebnis:
Das ist schließlich auch ein Ergebnis.

***

Der Einkauf

Am Aschermittwoch kam der Clou:
Kindergärten, Schulen zu.
Das Virus war hier angekommen
und hat von uns Besitz genommen.
Wir wurden alle downgelockt,
ab jetzt wird nur zu Haus gehockt.

Bevor ich mich mit Hündin Lotte
vor aller Welt total abschotte,
kaufe ich noch schnell das ein,
was im Hause sollte sein:
Nudeln, Mehl und Klopapier,
Konserven und Corona Bier.

Soll ich mich mit den Einkaufswagen
nun zu meinem Wagen wagen?
Ein kleiner, aber feiner Laster
ist 's, doch für den Einkauf passt er.
Hab ihn geladen voll und hoch.
Jetzt schnell nach Hause, nach Langbroich.

Dort lagre ich im Keller ein,
das, was im Hause sollte sein.
Zwei Stunden später – schon recht schnelle -
der Einkauf ist an Ort und Stelle.
Jetzt mache ich die Schotten dicht,
verhungern kann ich schließlich nicht.

Nach zwölf Wochen endlich dann
fang ich einmal zu rechnen an.
Was ist übrig, was verbraucht?
Ich rechne, bis der Schädel raucht.

Die Nudeln reichen für acht Jahre.
Aus dem Mehl, da kann ich klare
vierzehn hundert Kuchen backen,
mit dem Papier zehn Jahre kacken.
Das Bier, ich sag es unumwunden,
hat die Bestimmung schon gefunden.

Und mit dem Rest helf ich mit Kraft
auch gerne meiner Nachbarschaft.

***

Maskenball

Wir leben in seltsamen Zeiten,
wo Masken das Leben begleiten.
Wo ich gehe, wo ich stehe, überall
bin ich auf einem Maskenball.

Im Geschäft, im Supermarkt,
auch da, wo man sein Auto parkt,
im Zug, im Bus und im Spital,
beim Tanken sowie bei der Wahl,

im Altenheim, beim Logopäden,
beim Friseur, in Autoläden,
beim Arzt, beim Ergotherapeuten,
in der Boutique, beim Pharmazeuten,
überall, da seh ich sie:
Masken in der Pandemie.

Ob sich die Masken denn nicht lohnen
in Schulen, auf Demonstrationen?
Menschen gibt es da zuhauf,
doch häufig ohne Maske auf.
Wir solln auf die Minister hören,
Masken tun beim Lernen stören.
Mal Maske ja, mal Maske nein,
das Hin und Her sollte nicht sein.
Beim Protestieren in der Stadt,
tönt es, man hat die Maske satt.
Sie verbietet nur den Mund,
man wird nicht krank, man bleibt gesund.

Allein beim nächsten Karneval
gibt es wohl keinen Maskenball.
Für Fans des Karnevals wird 's hart;
den Jecken bleibt halt nichts erspart.

***

Gedanken eines Toten

Im Leichenhemd lieg ick im Sarg
und denke: ‚Wat is det für 'n Quark?
Ick liege hier jetzt janz allein
und wollt noch nicht gestorben sein.

Ick kiek mir um, mir fällt die Klappe:
Der Sarg, det is keen Holz, bloß Pappe.
Und ooch det Innenleben hier
is jar keen Stoff, is bloß Papier.

Wie ärmlich is doch dieser Tod.
Wär ick nich hin, würd ick marod.
Im Leben käm ick nich mehr her.
Und sterben tu ick ooch nich mehr.‘

***

II. Personen, Plebs und Politik

An die Briten

Liebes, großes Volk der Briten!
Hat der Teufel euch geritten?
Wollt aus der EU entschwinden,
euch nicht an Verträge binden?
Ihr habt abgestimmt, gewählt
und euch fortan nur gequält.
Johnson, Cummings und Farage,
alles war nur Camouflage,
haben, warum weiß ich nicht,
falsche Fakten aufgetischt,
haben - so war es gedacht -
die EU nur schlechtgemacht.

Ich will hier auch nichts verwässern,
klar, gibt 's Dinge zu verbessern,
sicherlich auch nicht zu knapp.
Doch Europa lacht sich schlapp,
dass ihr in eurem Parlament
so keine Kompromisse kennt,
dass ihr den Brexit schiebt und schiebt,
das halbe Volk ihn gar nicht liebt.
Ihr ließt Frau May – es ist zum Flennen -
nur immer vor die Pumpe rennen.
Ihr sagtet immer „no, no, no",
doch ihr wisst selbst nicht was, wie, wo.
Solange der Prozess gedauert,
ihr habt immer nur gemauert.

Euch steht das Wasser bis zum Hals.
Mit Boris Johnson jedenfalls
könnt ihr in Brüssel nichts erreichen,
der kann dort keinen Stein erweichen.
Jetzt hat er – das ist ganz verzwickt -
das Parlament nach Haus geschickt.
Und schwingt sich – Demos gibt 's zuhauf -
zu einer Art Diktator auf.
Doch das Gericht, es hat gesprochen
und hat den Urlaub abgebrochen.
Die Queen ist sichtlich indigniert,
denn der Premier hat sie düpiert.

Vorbei die Parlamentskultur,
ihr macht euch doch zum Affen nur.
Ihr wollt zur alten Größe finden?
Der Brexit lässt den Rest noch schwinden.
Der Brexit hat bei euch, ihr Lieben,
nur einen Keil ins Land getrieben.
Wer sich auf Trump, die Geistesgröße,
verlässt, gibt sich auch noch die Blöße,
wenn spät er merkt, dass sicher man
sich nicht auf ihn verlassen kann.
Great Britain macht sich zum Vasall
der USA für diesen Fall.

Und wenn euch Schottland noch verlässt,
dann gibt euch das den letzten Rest.
In Irland ist dann wieder Trouble,
denn Johnson liefert nur Gebabbel;
Ergebnisse hat er nicht drauf,
den No-Deal nimmt er gern in Kauf.

Und seid ihr raus, seid ihr passé,
seid nur 'ne Insel in der See.
Es lässt mir wirklich keine Ruh,
denn ihr gehört im Grund dazu.
Ich find es schad, weil ich euch like.
Liebe Grüße, eure Heike

P.S. Jetzt ist der erste Februar,
der Brexit, der ist schließlich da.
Big Ben hat nicht Bim Bam gemacht,
er hat gestreikt in dieser Nacht.
Der Himmel hat sehr stark geweint,
weil wir nun nicht mehr sind vereint.
Ihr werdet sehn, wie heiße Luft,
die Johnson ausblies, schnell verpufft.
Denn die Versprechen, innen hohl,
die steigern nicht des Volkes Wohl.
Der Populismus hat gesiegt.
Was ihr gewollt, habt ihr gekriegt.
Ihr seid jetzt wieder ganz autark,
doch wir, wir sind gemeinsam stark.

***

Dammbruch

Der Damm ist gebrochen,
das Datum markant.
Und braune Brühe ergießt sich ins Land,
setzt sich fest da und dort,
schwemmt vieles mit fort,
was erkämpft war und erlesen
und für uns von Wert gewesen.

Der Damm ist gebrochen!
Mauern waren hochgezogen
nach links und nach rechts.
Doch man hat sich verlogen verbogen
und die Mauern haben nicht Stand gehalten.
Und Menschen allerlei Geschlechts
sehen mit an, wie die Werte wackeln.
Geht man bald wieder einmal mit Fackeln
und zerschlägt Glas und Kristall?
Kommt wieder ein Knall?

Der Damm ist gebrochen!
Braune Brühe fließt, setzt sich fest.
Gibt sie
unserer Demokratie
nun den Rest?
Hoffentlich nie!

***

Drei Chinesen mit dem Kontrabass

(Kinderlied, entstanden um 1930, Ursprung unbekannt)

Drei Chinesen mit dem Kontrabass
saßen hier in Deutschland und erzählten sich was.
Sie sagten: „In Wuhan, ja da tut sich was."
Drei Chinesen mit dem Kontrabass.

Drei Chinesen mit dem Kontrabass
saßen in Wuhan und erzählten sich was.
Da kam die Polizei, fragt: „Was ist denn das?"
Weg waren die Chinesen mit dem Kontrabass.

Drei Chinesen ohne Kontrabass
saßen in den Lagern und sie flüsterten sich was.
Da kam der Wächter, schrie: „Ja, was ist denn das?!
Weiter schuften, denn sonst setzt es was."

***

Echt orientalisch

Abu Dhabi und Katar,
Emirate wunderbar!
Saudis laden ihre Gäste
nur in ihre Prachtpaläste.

Fremde schuften wie die Sklaven.
Scheichs ruhn aus bei den Agaven
oder unter Wüstenpalmen;
still die Wasserpfeifen qualmen.
Staatsbeamte streichen fein
ihre Höchstgehälter ein,
machen sich dabei nicht krumm.
Wüstensöhne sind nicht dumm,
halten sich für schwere Sachen
andre, die die Arbeit machen.

Das ist Zeit, die sie benützen
den IS zu unterstützen.
Gelder fließen an die Krieger -
diese sehn sich schon als Sieger -,
die mit Waffen und mit Mienen
Christen in den Himmel beamen.
Frauen müssen Schleier tragen,
haben zudem nichts zu sagen.

Der Scheich: das Zepter - sein Geschlecht,
und seine Kron - null Menschenrecht,
sein Apfel – Geld aus Öl und Gas.
Ja, so macht Unterdrückung Spaß!

Was ist das für eine Welt,
in der sich so ein Mann gefällt?
Hat er Angst, nicht zu genügen,
wenn sich andre ihm nicht fügen?
Hat er Angst, ihm könnt beizeiten
alles aus den Händen gleiten?
Ein Mensch mit Ängsten, richtig krassen,
der sollte sich behandeln lassen.

Zu Mitleid nur bin ich imstand
mit Männern aus dem Morgenland.

***

Der Demagoge

Der Demagoge schwätzt
und hetzt,
bis es fetzt.

Der Demagoge lügt
und betrügt,
bis jedermann schwätzt
und hetzt,
bis es fetzt.
Der Demagoge polarisiert
und diskriminiert,
infiltriert und spioniert,
denunziert und inhaftiert,
malträtiert, terrorisiert
und liquidiert,
bis alles explodiert.

***

Fragen eines neugierigen Kindes

(frei nach Berthold Brecht, „Fragen eines lesenden Arbeiters", 1935)

Warum heißt das Löwensenf?
Machen denn die Löwen Senf?
Und wo liegt Genf?
Ob auf dem Mond
wohl jemand wohnt?
Da ist doch Licht.
Warum haben Fische und Menschen Schuppen?
Warum spielt Pascal denn mit Barbie-Puppen?
Wieso trägt denn der Herr Schneider
immer heimlich Frauenkleider?
Mama, wusstest du das nicht?
Warum reden Politiker so oft von Diäten?
Sind die alle so dick?
Ist eine MILF gefährlich?
Sag mal, ehrlich!
Dürfen in Mannheim auch Frauen wohnen?
Und wo gibt es die blauen Bohnen?
Warum ertrinken so viele im Mittelmeer?
Konnten die alle nicht schwimmen
und wo kommen die her?
Kriegen Läuse denn auch Läuse?
Isst man in China Fledermäuse?
Warum hat die Schnecke kein Gehäuse?
Können Krokodile auch weinen?
Warum heißt es sonst Krokodilstränen?

Tragen Haubentaucher auch Badekappen?
Was macht man in Lappland mit all den Lappen?
Putzen die da so viel? Ach, du meine Güte!
Warum tragen Hütehunde denn keine Hüte?
So viele Fragen und keine Antworten.

Denn die Mutter wischt auf dem Smartphone herum
und spricht nicht mit ihrem Kind.
So bleibt ein Kind voller Neugier recht dumm,
wird stumm, hört bald auf zu fragen,
weil ihm seine Eltern nichts sagen.

***

Listen

Wenn Populisten Listen machen,
wer was wo und wie gesagt,
wer was wo hat nachgefragt
und über andre solche Sachen,
dann sind schon wieder wir soweit,
wie damals in der braunen Zeit.
Na dann sag ich: Good night.

Wird dann ein jeder Mensch geschasst,
weil seine Meinung nicht gepasst?
Wird dann das Grundgesetz vernebelt,
am Ende einfach ausgehebelt?
Und werden wieder Öfen rauchen?
Dann wird man Schindlers Listen brauchen.

Wem Einigkeit, Freiheit und Recht ist zu eigen,
muss Rückgrat zeigen und keinesfalls schweigen.

***

Populisten

Es gibt heute viele Leute
und leider auch Staatenlenker,
die als Populisten und Demagogen
sind ausgezogen,
die Menschen mit falschen Fakten zu füttern.
Mit welchem Ziel? Zu welchem Zweck?
Was ist zu viel? Was soll denn weg?
Wer ist zu viel? Wer muss denn weg?

Hat die Welt nichts gelernt
durch Stalin, Mao und Hitler?
Wir sind immer weiter entfernt
von Einigkeit und Harmonie.
Nötig hätten wir einen Weltenlenker,
der nicht entzweit,
einen Denker,
der vereint,
nicht nur verneint.

Die Probleme dieser Welt
wie Klimawandel und Pandemie
löst ein Land alleine nie.
Man löst sie nicht per Befehl und Dekret,
nicht durch simple Negierung
einer populistischen Regierung,
wohl aber mit Vernunft und Demokratie.
Ansonsten nie.

***

Wahrheit

Die Wahrheit, hart und ungeschminkt,
wolln viel gar nicht hören.
Die Wahrheit hart und ungeschminkt
würd manchen gar verstören.

Drum gibt es jetzt in dieser Zeit
die Wahrheit in drei Schritten:
Premium, classic oder light,
das sind die neuen Sitten.

Die premium Wahrheit finden Leute
bei Spiegel, FAZ und bei Die Welt.
Die Wahrheit classic gibt 's bei Heute
und Tageschau, ganz wie 's gefällt.

Bei Wahrheit light: Portionen kürzen,
und kalorienarm serviert.
Fein angemacht und milde würzen;
Es ist so, wie man 's arrangiert.

Im Netz gibt 's viele falsche Fakten,
die Auswahl treffen, ist oft schwer.
Denn mit dem Schwindel, dem exakten,
da macht man Angst und oft noch mehr.

Populisten und Chaoten
machen online richtig Zoff,
streuen Hass und derbe Zoten,
liefern explosiven Stoff.

Jeder kann hier alles sagen,
wenn ihm irgendwas nicht passt.
In Russland schon nach ein paar Tagen
säße er ganz schnell im Knast.

Worte können viel zerstören,
trösten, heilen, je nachdem.
Worte können auch empören,
sind auch vielfach unbequem.

Lasst Respekt und Würde walten -
Anlass zu Kritik gibt 's viel -
doch mit Hetze aufzuspalten,
ist ein echtes Trauerspiel.

***

Der Lenz ist da

Kein Eis, kein Schnee, nur Regenschauer,
die Temp'raturen werden lauer,
die Jogger trifft man an zuhauf,
das erste Eiscafé macht auf,
die Wildgans ist zurück. Hurra!
Das zeigt uns an: Der Lenz ist da.

Und überall schießt frisches Grün,
zieht grüne Bohnen hier mit Mühn.
Woanders schießen nur Kanonen
und es fliegen blaue Bohnen.
Es zwitschert froh die Vogelschar.
Das zeigt uns an: Der Lenz ist da.

Von Kelch zu Kelch fliegt hier die Biene,
Geschwader durch die Ukraine.
Die Rentner pflanzen hier Tomaten,
in Syrien marschiern Soldaten.
Der Spargel sprießt, schau Barbara!
Das zeigt uns an: Der Lenz ist da.

Wir freun uns wieder ob der Wärme.
In Afrika Heuschreckenschwärme
fressen alles ratzekahl.
Drum fehlt die Ernte dann - fatal.
Hier grillen Opa und Papa.
Das zeigt uns an: Der Lenz ist da.

Am ersten Mai tut man hier kund:
Die Freiheitsrechte sind im Schwund.
In China ist man gut vernetzt,
wer frei was sagt, wird abgesetzt.
Und falsche Fakten sagen klar:
Der Lenz kommt erst im Januar.

***

Wunschzettel

In der weihnachtlichen Zeit
ist zum Schenken man bereit.
Man darf Wünsche formulieren,
sie auf Zetteln auch notieren.

Doch was steht drauf auf dem Papier?
Was wünschen Mensch sich und auch Tier?

Das Häschen wünscht sich eine Finte,
um zu umgehn des Jägers Flinte.
Der Eisbär, der kein Essen findet,
wünscht, dass das Eis nicht weiter schwindet.
Der Koala, der gern pennt,
wünscht, dass der Busch nicht weiter brennt.
Der Vogel, der bei Schnee und Sturm
stets draußen ist, wünscht sich 'nen Wurm.
Und meine Katz bei mir zu Haus,
wünscht sich zum Spielen eine Maus.

Der Obdachlose hat den Wunsch:
ein warmes Bett und einen Punsch.
Die SPD wünscht sich Prozente,
der Lehrer wünscht sich schnell die Rente.
Die Greta wünscht sich prima Klima
von Wladiwostok bis nach Lima.
In London wünscht Elisabeth,
dass Andrew nichts mit Mädchen hätt.
Der Trump, der wünscht sich eine Mauer.
Die Welt wünscht sich, er würde schlauer.

Doch Christus kam, die Welt zu retten.
Es wird geschehn; ich würd drauf wetten.
Gott gab den Menschen Fähigkeiten:
Nutzen wir sie doch – beizeiten!

***

Zahlenspiel

Einhorn
Zweistromland
Dreigestirn
Vierkanthof
Fünfkampf
Sechslinge
Siebenschläfer
Achtender
Neunauge
Zehntscheune

Elferrat
Zwölftonmusik
Hundertschaft
Tausendsassa
Millionenspiel
Milliardenloch

Im Leben brachten mir die Zahlen
vielfach ganz enorme Qualen.
Jahrelang war mir die Mathe,
schlicht gesagt, ganz einfach Latte.
Stochastik, gut für 's Lottospiel,
brachte mir bisher nicht viel.
Bei Chancen eins zu x Millionen
handelt man nur mit Zitronen.

Politisch ist man dann bei Wahlen
immer ganz fixiert auf Zahlen.
Das Resultat wird ungeniert,
wie man es braucht, analysiert.
Wer hat wo denn wie gewählt?
Wird das Alter mitgezählt?
Was soll das ganze Zahlenspiel?
Es bringt am Ende eh nicht viel.
Ein Mensch lässt sich zwar registrieren,
doch nicht auf Zahlen reduzieren.
Er hat stets nur die Qual der Wahl.
Was dann herauskommt – oft fatal.

Die Menschheit hat man oft gerissen
mit Zahlen regelrecht beschissen.
Beim Thema Klima schmeißt man rum
mit Tonnen Bimbamborium,
mit Litern und Kubik Gedöne;
man ächtet, lobt mit viel Getöne.

Doch wer kann vor allen Dingen
was denn wie genau durchdringen?
Der Durchschnitt hilft oft auch nicht viel
bei dies und jenem Zahlenspiel.
Im Durchschnitt werden wir recht alt;
wer jünger stirbt, erwischt es halt
noch vor der Durchschnittslebenszeit,
egal, ob er dafür bereit.
Dem hat der Durchschnitt nicht genützt,
der beißt ins Gras, ganz ungeschützt.

Ich bin auf Zahlen nicht erpicht,
sie wirken echt, doch sind 's oft nicht.

***

Krumme Lanke

Ick sitze an der Krummen Lanke
und grüble still so vor mir hin,
da kommt mir mancherlei Jedanke,
worüber ick oft sauer bin.

Berlin, du hast dir sehr jemausert
in den vergangnen dreißig Jahrn.
Du hast jeklotzt und nich jekausert,
bist jenerös, hältst nix vom Sparn.

Hast ville richtich jut jemacht:
den Reichstag mit dem Glaspalast
und wo der Opfer wird jedacht
vom Dritten Reich und Stasi-Knast.

Berlin, doch eenet schockt mir sehr:
Du packst dir immer Neuet druff,
et jiebt fast keenen Wohnraum mehr,
doch du, du baust det Stadtschloss uff.

Die Mieten sinn nich zu bezahlen.
Det jab et so nich seinerzeit.
Familien, Rentner zahln mit Qualen
viel Jeld für wat Jemütlichkeit.

Hast viele Fremde, Arbeitslose,
Menschen leben von Hartz IV,
et haben ooch viel Obdachlose
in U-Bahnjängen ihr Quartier.

Kulturell, da biste dufte,
doch neun Jahr Pfusch beim BER;
Milliarden sind 's, die man verpuffte;
an Halloween, da öffnet er.

Jiebst vielen Menschen viel für umme,
jiebst für Soziales vielet aus.
Det allet is ne Riesensumme!
Berlin, du lebst in Saus und Braus!

Doch in Wahrheit biste pleite,
pleiter noch als Boris B.
Dein Bär kiekt komisch von der Seite,
dem tut det ooch im Herzen weh.

Jieb nich mehr aus, als watte hast!
Det hat man mir zu Haus jelehrt.
Zu schnell hat man det Jeld verprasst.
Un det is wirklich grundverkehrt.

Nich mehr klotzen, lieber kleckern,
det sei fortan dein Leitmotiv.
Berlin, ick will nich weiter meckern,
ick hab dir jern im Herzen tief.

Steh ick denn am Pariser Platz
und jeh durchs Brandenburger Tor,
bin ick voll Ehrfurcht ganz ratzfatz,
denn det kommt mir phantastisch vor.

So sitz ick an der Krummen Lanke,
da kommt mir plötzlich der Jedanke:
Stadtpolitik is hier zwar Mist,
doch jut, det du wieder een Janzet bist.

***

Instrumentalisiert

In der Welt gibt es viel zu viele Waffen,
denn man meint, die könnten Frieden schaffen.
Doch hat in dieser Welt
sich 's längst herausgestellt,
dass Wunsch und Wahrheit auseinanderklaffen.

Lasst uns doch etwas anderes probieren,
denn probieren geht doch stets über studieren.
Ich würd in Zukunft dies favorisieren:
Nehmt Gitarren statt der Knarren
und Trompeten statt Raketen,
und setzt den Kontrabass
ein gegen Rassenhass.
Denn der Rassenhass
gerät zum Pulverfass.

Nehmt doch Trommeln
statt der Trommelfeuer.
Denn so ein Feuer
ist ein rechtes Ungeheuer.

Nehmt doch Fagotte
statt einer U-Boot-Flotte.
Nehmt Sousaphone
anstatt der Bataillone.

Setzt auf Flöten gegen 's Töten
und auf Chöre statt auf Heere.
Spielt die Bongo in der Combo
gegen Völkermord im Kongo.

Setzt die Laute gegen laute Populisten,
statt Populisten nehmt doch lieber Pianisten
und Mandolinen anstatt der Tellermienen.

Setzt Kompositionen
gegen Kanonen, Deputationen,
Liquidationen und Todes-Schwadronen.
Setzt Konzertanten
gegen militante Demonstranten.

Ach, spielten doch die Menschen lieber Bratschen,
statt dass sie stets in neue Schlachten latschen.
Ach, spielten doch die Menschen auf Klavieren,
statt dass sie andre Länder annektieren.

Und so spielten schließlich alle im Orchester
gegen Krieg, Gewalt und gegen Bombentester.

Setzt auf Geigen statt auf Schweigen,
gegen Unrecht, gegen Krieg.
Denn wenn die große Masse
stille hält und schweigt,
dann hat man es am Ende klar vergeigt.

***

Der freie Dschin

Ich bin ein freier Dschin,
kann immerhin
mich frei entfalten.
Ich geh nach hier, nach dort,
und ganz egal an welchem Ort
und ganz egal, wo ich auch geister:
Ich gehöre keinem Meister
und auch keiner Meisterin.

Ich wohnte lange Zeit
in einer Flasche hier in Gangelt.
Man war stets hilfsbereit,
sodass es mir an nichts gemangelt.
Doch sagte mein Empfinden,
ich muss jetzt mal entschwinden,
muss die Enge dieser Flasche überwinden.

Ich hatt' als Flaschengeist
noch kaum die Welt bereist,
doch gibt 's entfernt von hier
noch viele leere Flaschen.
Und so schnürt ich die Gamaschen,
steckte Geld in meine Taschen
und ich suchte mir
ein neues Schlafquartier.

Ich ging nach Düsseldorf, nach Erfurt und nach Bremen,
auch in Berlin, da sollten sie sich schämen.
Manche Flaschen dort sind hohl,
denn statt für Volkes Wohl
mit Augenmaß zu sorgen,
wirft man tagein, tagaus
das viele Geld heraus,
als gebe es auf keinen Fall ein Morgen.

Und auch in vielen andern deutschen Städten
hatte ich gemeint, es sei nichts mehr zu retten.
Doch in manchen Flaschen fand ich etwas Geist,
darum bin ich schnell nach London fortgereist.

Denn in London gibt es eine hohle Flasche
mit großem Maul und vielen Pfunden in der Tasche.
Doch die hat grad bewiesen,
sie meistert keine Krisen.
Sie macht nur Show und nur Effektgehasche.
In dieser Flasche ließe es sich leben,
die ist so hohl und würde Platz mir geben.

Nach dem Brexit brauche ich als deutscher Geist
ein Visum, weil man mich sonst dort verweist.
Und in London hab ich auch nicht gut gespeist.

Und so machte ich mich auf, hin in die Staaten,
denn der Vorrat dort an Flaschen
würde mich nicht überraschen.
Würde ich an eine hohle wohl geraten?

Und ich geisterte nach Washington DC.
Was ich da sah, ja das errätst du nie:
eine riesig hohle Flasche.
Ob ich die wohl erhasche
mit einer kleinen Masche?
Aber wie?

Oh, es ist mir gelungen,
ich bin dort eingedrungen.

Es ist die hohlste aller Flaschen aller Zeiten,
es ist die greateste, sie wird mir Spaß bereiten.
Ja, ich als dreister Geist
bin um die Welt gereist,
um in der hohlsten mich ganz gründlich auszudehnen.
Am Ende muss ich Eines noch erwähnen:
Es ist Flasche Number One,
die allerdings nichts kann,
außer Rassismus weiter zu verbreiten.

Als deutscher Geist komm ich ganz ohne Hasstiraden,
will ich mich in ihrem Kopfe nun entladen.
Denn es kann in keiner Weise wirklich schaden,
wenn in einem großen Kopf
mit einem Entenschopf
ein wenig Geist einzieht.
Wer weiß, was sonst geschieht.
Sonst drückt sie irgendwann den falschen Knopf.

***

Lieblinge

Ein Mensch, der hat oft ein Lieblingsirgendwas,
der eine, der hat dies, der andere hat das.
So mancher Mensch hat eine Lieblingsfarbe;
meine beispielsweise, meine, die ist blau.
Ein Scheich hat vielleicht auch eine Lieblingsfrau.
Und ein Schweinezüchter hat womöglich eine Lieblingssau.
Mancher Mensch hat eine Lieblingsblume oder –baum.
Ein Staatsmann hat wahrscheinlich öfter einen
Lieblingstraum
von der Weltherrschaft, von minimalen Schulden.
Doch muss er schlicht die Wirklichkeit erdulden.
Viele Menschen, die gern lesen, haben oft ein
Lieblingsbuch.
Demonstranten haben einen Lieblingsslogan oder -fluch.
Ein Gourmet, der isst gern in seinem Lieblingslokal,
ein Sportler hat mutmaßlich einen Lieblingspokal.

Ein Kind hat oft ein Lieblingsspielzeug, Lego oder Knete,
ein Jugendlicher, der geht gern auf seine Lieblingsfete.
Ein Deutscher, der hat oft ein Lieblingsurlaubsland;
doch in Ischgl, da verlor man den Verstand.

Vor Monaten, da hätte ich – völlig ungezogen -
„du spinnst" sofort gesagt, hätt man mich da gefragt:
Hast du auch einen Lieblingsvirologen?
Ich kannte seinerzeit, das tut mir heute leid,
keinen einzigen Experten mit dem Namen.
Nun während der pandemisch schlimmen Dramen
bin ich einem Virologen sehr gewogen:
Es ist der Christian D., der von der Charité,
denn der spricht sachlich und auch gar nicht überzogen.

Ich bin nun sehr gespannt, wie 's weiter läuft im Land.
Wie wird 's in Film und Fernsehn weitergehen?
Denn Filme kann man nur sehr schwierig drehen.
Ich frag mich in der Tat:
Gibt es bald ein Format
für „Deutschland sucht den Supervirologen"?
Dann ist Corona in die Hirne eingezogen.

***

64

Klotz am Bein

(frei nach Wanderliedern der Bündischen Jugend 1919 – 1933)

Refrain:
Klotz- Klotz - Klotz am Bein,
Klavier vorm Bauch,
wie schlimm ist die Chaussee?

Links stehn Bäume, rechts stehn Bäume,
in der Mitte Horrorträume.

Links stehn Linden, rechts stehn Linden,
in der Mitte Kinder schinden.

Links Magnolien, rechts Magnolien,
in der Mitte Grenzpatrouillen.

Links stehn Eichen, rechts stehn Eichen,
in der Mitte Flüchtlingsleichen.

Links 'ne Fichte, rechts 'ne Fichte,
in der Mitte Hassgedichte.

Links 'ne Erle, rechts 'ne Erle,
in der Mitte Nazi-Kerle.

Links Platanen, rechts Platanen,
in der Mitte Nazifahnen.

Links steht Flieder, rechts steht Flieder,
in der Mitte Nazi-Lieder.

Links stehn Eschen, rechts stehn Eschen,
auf dem Wege Kriegsdepeschen.

Links stehn Pappeln, rechts stehn Pappeln,
in der Mitte Panzer rappeln.

Links Lorbeere, rechts Lorbeere,
in der Mitte Schießgewehre.

Links stehn Buchen, rechts stehn Buchen,
in der Mitte Mienen suchen.

Links stehn Palmen, rechts stehn Palmen,
in der Mitte Trümmer qualmen.

Links 'ne Zeder, rechts 'ne Zeder,
in der Mitte tötet jeder.

Links stehn Weiden, rechts stehn Weiden,
in der Mitte Tod und Leiden.

Links 'ne Kiefer, rechts 'ne Kiefer,
Leiden, das wird immer tiefer.

Links stehn Birken, rechts stehn Birken,
dem muss man entgegenwirken.

Links Ahorne, rechts Ahorne,
schauen wir mit Mut nach vorne.

Klotz- Klotz - Klotz am Bein,
Klavier vorm Bauch,
wie schön ist die Chaussee?

***

Clerihew Verse[1]

Franz-Josef Strauß
war vielen ein Graus.
Er sprachlich brillierte
und polarisierte.

Diesem GröFaZ Adolf H.
war erst ganz am Ende klar:
Dieses war der letzte Streich
für das große deutsche Reich.

Damals zog der Friedrich Merz
sich zurück in Wut und Schmerz.
Gleich an die Spitze, seine Masche,
kommt er wie Phönix aus der Asche.

---

[1] Scherzhafte Kurzgedichte mit vier Versen, bestehend aus zwei
Reimpaaren ungleicher Länge und mehr oder weniger freien
Rhythmen, benannt nach Edmund Clerihew Bentley (1875 – 1956).
Der Inhalt kann stimmen, muss aber nicht.

Bum Bum Boris, unser Held,
hatte Frauen und viel Geld.
Da Klugheit ihm nicht angeboren,
hat er beides nun verloren.

In Hamburg lebt die Ulla Hahn,
die Dichtung hat 's ihr angetan.
Sie ist verliebt Herz über Knie
In ihren Mann von Dohnany.

Für Theresa May
ist der Brexit okay.
Doch in der Zollunion bleiben,
heißt nur Brexit in Scheiben.

Geheimrat von Goethe
hatte oft schwere Nöte
mit der holden Damenwelt.
Das hat im Werther er klargestellt.

Professor Grzimek war damals sehr froh
als Direktor vom Frankfurter Zoo.
Er hat einen Platz für Tiere geschaffen,
dabei waren häufig die Menschenaffen.

Nackt wie Adam saß Papst Franziskus
inmitten Büschen von Hibiskus.
Und er dachte bei sich bei,
ob das wohl eine Sünde sei.

Altbundeskanzler Willi Brandt
Trost im Alkohole fand.
Oft war er deshalb hilli-billi.
Man nannte ihn drum Weinbrand-Willi.

Epstein war ein schlimmer Finger,
denn er stand auf junge Dinger.
Drum hat man ihn auch inhaftiert.
Hat er sich selbst dann massakriert?

Martin Schulz war kurze Zeit
für die Kanzlerschaft bereit.
Doch nur kurz war dieser Trend,
dann floppte Herr Hundert-Prozent.

Angela Merkel
züchtete Ferkel,
denn ihr Freund war ein Bauer.
Jetzt hat sie den Sauer.

Annegret Kramp-Karrenbauer
wär gewesen sehr viel schlauer,
wär sie geblieben, wo sie war;
im Saarland war sie Superstar.

Dem Kanadier Justin Bieber
war es ehemals viel lieber,
ohne seinen Affen zu leben,
statt dem Tiere Zucker zu geben.

Elisabeth, die alte Queen,
schluckt täglich reichlich Aspirin.
Sie schmerzt der Kopf wegen der Kinder,
denn Sohn Andrew liebt Kinder nicht minder.

Boris Johnson, ja der ist
ein ganz schlimmer Populist.
Die Frisur - zum Haare raufen,
drum gehn ihm auch die Frauen laufen.

Frau Merkel tauchte gern mal ab,
wenn 's irgendwo Probleme gab.
Bald hört sie auf. Sie hat genug.
Dann schenkt man ihr 'nen Tauchanzug.

Satiriker Jan Böhmermann
bedichtete einst Erdogan.
Doch das Gedicht – es war getürkt,
der Türk hätt' Jan drum gern erwürgt.

Helmut Schmidt, bekannt im Land
als Macher von der Waterkant,
quarzte jede Zigarette
mit seiner Loki um die Wette.

Bundeskanzler Helmut Kohl
war 's bisweilen gar nicht wohl.
Mit schwarzen Koffern reiste er;
wo kam das viele Geld nur her?

Donald Trump, der Präsident,
der die US „the greatest" nennt,
macht in der Krise offenbar,
dass dies ein grober Irrtum war.

Boris Johnson, der Premier,
sprach: „Corona, ach herrje!
Macht doch nicht so 'n Wirbel drum."
Da haute ihn das Virus um.

Bei MdB Karl Lauterbach
werden viele Frauen schwach.
Doch sein Fräulein Tochter spricht:
„Cool biste mit der Fliege nicht."

Nicki Lauda fuhr oft Rennen,
tat in einem fast verbrennen.
Seitdem wird er hierzuland
Einohrhase nur genannt.

Reinhold Messner, Sohn der Berge,
suchte einst die sieben Zwerge.
Hat er sie denn auch gefunden?
Ja, in einem Vorgarten in Gmunden.

Der Papst in Rom
predigt im Dom,
denn es ist der Kirche Wille,
gegen 's Verhüterli und gegen die Pille.

Thebarth van Elst
gönnte sich selbst
ein prunkvolles Haus.
Nahm das Geld aus dem Opferstock raus.

III. Kunst und Kultur

Ein Opernlibretto 2020

HÄNSEL UND GRETEL liefen durch den Wald,
wo sie sich mit PORGY AND BESS trafen,
etwas spät zwar, denn die hatten verschlafen,
am TANNHÄUSER vorbei, denn dort war es sehr kalt,
dann stießen sie auf PEER GYNT
und verquatschten sich, wie Kinder so sind.

„Hey Peer, hast du DON GIOVANNI gesehn?
Der wollte mit uns zu den RHEINNIXEN gehn."
„Nee, jetzt nicht, aber gestern in London,
dort aß der Don mit AIDA ein Bonbon
und lebte à LA BOHÈME,
mit CARMEN, also ganz bequem."

„Dann machen wir uns allein auf die Reise.
MADAME BUTTERFLY, zeig uns den Weg."
DIE DIEBISCHE ELSTER zwitscherte leise:
„Ihr müsst das RHEINGOLD finden
und den RING DER NIBELUNGEN,
bevor es DOKTOR FAUSTUS gelungen;
er will den Schatz mit Alchemie verbinden."

Da rief DER WILDSCHÜTZ: „Halt!"
Und DER FREISCHÜTZ tönte: „Wird es bald?
Wir wollen die Schatzkiste heben
und mit PIQUE DAME in Saus und Braus leben."
Da zog Gretel ihre ZAUBERFLÖTE
und sprach: „COSI VAN TUTTE, Flöte, töte."

Die Schützen wurden ganz marod,
sie fielen um und waren tot.

Frau Butterfly flog nun voran
und wies den Weg zum Rheine,
sie kamen schnell im TIEFLAND an,
dort, wo sie ZAR UND ZIMMERMANN
mit LOHENGRIN empfingen.
DER TROUBADOUR ließ ein CAPRICIO erklingen,
DON CARLOS und LUCIA DI LAMMERMOOR
sangen mit ELEKTRA und MIGNON im Chor.
,Welch ein Empfang', dachten die Kinder
und MADAME BUTTERFLY nicht minder.
Sie sahen Masken überall,
es war der reinste MASKENBALL.

Doch man sang für DIE HOCHZEIT DES FIGARO,
deshalb war auch BOCCACCIO so froh.
Und DIE VERKAUFTE BRAUT
schrie glückselig und laut.
Nur TURANDOT heulte,
weil ihr DIE MACHT DES SCHICKSALS
lauthals
hatte NABUCCO entrissen
das war ganz bescheiden,
drum musste sie leiden.

Aber DOKTOR UND APOTHEKER
brauten den LIEBESTRANK.
Der half, Gott sei Dank.
DIE LUSTIGEN WEIBER VON WINDSOR waren
gerissen,
hatten BAAL an DIE TEUFELSWAND geschmissen.

Aber dann kam DIE FRAU OHNE SCHATTEN,
sprach zu den vier Kindern:
„Beeilt euch, gleich ist es viere
und dann kommt schon DIE WALKÜRE
zusammen mit dem WAFFENSCHMIED,
der bringt gleich die Waffen mit,
um den Schatz zu heben.
Zuvor müsst ihr HOFFMANNS ERZÄHLUNGEN lauschen
und mit FIDELIO und ARABELLA
DAS GEHEIMNIS austauschen."

Gesagt, getan, da sprach WILHELM TELL:
„Wollt ihr einen Apfel?"
Der Apfel, der schmeckte, ERWARTUNG erfüllt,
Hunger gestillt.

Plötzlich brach GÖTTERDÄMMERUNG herein,
der Schatz, er hob sich von allein.
DIE FEEN legten ihn zu den Füßen der Vier,
DER BAJAZZO und FALSTAFF standen Spalier.
Sie wollten das Gold grade mit sich nehmen,
da standen sie wieder vor neuen Problemen.

Denn DON GIOVANNI hatte gewandt
RIENZI an den Rhein entsandt,
um ihm vor allen Dingen
den Nibelungenschatz zu bringen.
Da trat OTHELLO auf den Plan,
„Der Mohr hat seine Schuldigkeit getan?
Nee nee, mein Freund, so geht das nicht.
Du übst jetzt endlich mal Verzicht.
Die Kinder sind arm, sie brauchen das Geld.

Hier hast du drei Groschen, sag deinem Don,
hier kann er kein Geld eintreiben,
soll DIE DREIGROSCHENOPER schreiben."
DER FLIEGENDE HOLLÄNDER brachte
HÄNSEL UND GRETEL, PORGY AND BESS
zurück in den Wald und dachte:
‚Ob RIGOLETTO ihnen jetzt den Kyffhäuser baut?'
Da stand indes
DER ROSENKAVALIER
und sprach: „Ihr vier,
gewährt mir doch die Bitte
und nehmt mich in eure Mitte."

Hat sich das wohl so zugetragen?
Das kann euch nur die LULU sagen.

***

Litera-Tour

Heine träumt sein WINTERMÄRCHEN,
seine ATEMSCHAUKEL geht,
träumt von PU, dem kleinen BÄRchen,
das IM SCHLOSS im HOCHWALD steht.

MAX UND MORITZ können sehen,
BIBERPELZ, der ist zerfetzt,
STRUWWELPETER lässt sich gehen,
ANATOL ihn hat versetzt.

STEPPENWOLF steckt im Dilemma,
STELLA hat 'ne LIEBELEI,
EGMONT geht sehr gern mit EMMA,
HAMLET ist das einerlei.

ALEXANDERPLATZ BERLIN ist heute
als Adresse wirklich toll.
Von den RATTEN kriegen Leute
dort oftmals die Hucke voll.

SIDDHARTA geht ES in DIE FALLE.
DIE HAUPTSTADT kommt nicht mehr zur Ruh.
DAS TREIBHAUS war DIE MAUSEFALLE.
ICH mache meine Augen zu.

DIE PERLENTAUCHER warten lange
auf den SCHATZ IM SILBERSEE.
Für den TYLL stehn alle Schlange
auf dem CAMPUS an der Spree.

MINNA ist VON BARNHELM flüchtig,
ist mit TSCHIK schnell durchgebrannt,
trinkt nun HERBSTMILCH, da sie süchtig,
kauft DAS PARFÜM im NIEMANDSLAND.

BUDDENBROCKS gehn schließlich pleite,
MUTTER COURAGE ist dieses gleich.
KÖNIG LEAR steht BAAL zur Seite.
ROMEO UND seine JULIA wollen schnell ins
                                    Himmelreich.
TOD IN STILLER NACHT kommt häufig,
den UNTERTAN, den hat 's erwischt.
ACHTNACHT war ihm nicht geläufig,
„KANNITVERSTAN", hat SIE gezischt.

KALLE BLOMQUIST war voll Häme,
er hat WINNETOU besiegt.
Und nun wackeln seine Zähne,
HERZ ÜBER KOPF ist er verliebt.

DER DRITTE MANN, der liebt das KÄTHCHEN
VON HEILBRONN am MUTTERTAG,
trägt nach ANDORRA dann das Mädchen,
weil es auch DON QUICHOTE mag.

PIPPI LANGSTRUMPF macht gern Faxen.
DER GESCHENKTE GAUL rennt fort.
DIE RÄUBER nagen Schweinehaxen,
dem GRÜNEN HEINRICH fehlt ein Wort.

NEUNZEHNHUNDERTVIERUNDACHTZIG,
JEDERMANN ist korrumpiert.
DAS VEILCHEN sitzt daheim und lacht sich
mit NORA scheckig und kariert.

DER TALISMAN, der sieht von Ferne,
wo DAS MARMORBILD entspringt.
HEIDI hat es ziemlich gerne,
wenn beim ERNTEDANK man singt.

DIE DORNENVÖGEL legen heute
ihre FASTNACHTSBEICHTE ab
und DER GEIZIGE, der freute
sich, weil es UMSONST was gab.

WILHELM TELL schießt seine Pfeile,
WOLFSBLUT rinnt ins grüne Gras.
PYGMALION hat keine Eile,
denn WARTEN AUF GODOT macht Spaß.

Und TARTUFFE, der liebt ULYSSES,
DER IDIOT sieht dabei zu.
DESIRÉE, die sagt: „So isses."
IWEIN legt sich still zur Ruh.

ANTIGONE, die tanzt den REIGEN,
SCHULD UND SÜHNE sind ihr gleich.
KUTTELDADDELDU isst Feigen,
DER SCHIMMELREITER stürzt am Deich.

Manchmal freut DER KLEINE LORD
sich auf DIE FEUERZANGENBOWLE,
denkt an VIER FRAUEN UND EIN MORD;
trinkt sodann auf HEIDIs Wohle.

AMPHITRION war sehr in Nöten,
rief: „DREHEN SIE SICH UM, FRAU LOT.
DON JUAN beginnt zu töten.
HARRY POTTER ist schon tot."

MILCHGELD zahlt DER MEINEIDBAUER,
SOPHIES WELT bleibt ungestört.
IM SCHLOSS wird DER VERDACHT genauer,
wem DER KREISEL denn gehört.

POLE POPPENSPÄLER grübelt,
DAS BROT DER FRÜHEN JAHRE stört.
DIE KAMELIENDAME bügelt,
wobei sie UNKENRUFE hört.

DOKTOR SCHIWAGO verkündet,
FELIX KRULL sei nun gefasst.
Ob DAS BOOT im Rheinfall mündet,
weiß nur DER BUTT, der aufgepasst.

Hier nur, schau, IM GARTEN EDEN,
wo Die JUDENBUCHE wächst,
hat MÜMMELMANN ja beinah jeden
WILDTÖTER total verhext.

DER BESUCH DER ALTEN DAME
war mal wieder eine Wucht.
DER VERSCHWENDER, so sein Name,
hat RAT KRESPEL dann besucht.

GRISELDIS hat die KATZENZUNGEN
oft IM KIRSCHGARTEN verspeist.
Und TANTE JOLESCH hat mit Jungen
die SCHÖNE NEUE WELT bereist.

DIE DREI MUSKETIERE streiten
sich mit ALADIN herum.
DREI MÄNNER, die IM SCHNEE, begleiten
NESTHÄKCHEN zum Gymnasium.

SCHÜLER GERBER sitzt betroffen
In der DEUTSCHSTUNDE um acht,
hat die ganze Nacht gesoffen
und den SPIELER kalt gemacht.

EWIG SINGEN auch DIE WÄLDER
und TÄGLICH GRÜßT DAS MURMELTIER.
FÄNGER IM ROGGEN meiden die Felder,
OTHELLO spielt IM WALD Klavier.

NICK KNATTERTON, der hat gefunden
den richtigen DA VINCI CODE.
DER TRINKER hat die FAUST verbunden.
DER KLEINE PRINZ rächt DANTON TOD.

NATHAN DER WEISE, der spricht gerne
zu Menschen auf WIENs HELDENPLATZ.
OH, DU MEIN ÖSTERREICH bist ferne
wie ROBINSON mit seinem Schatz.

HÖLLENANGST leidet DER RABE,
DIE NADEL steckt ihm im Genick.
Der SCHINDERHANNES und DER KNABE
IM MOOR, die kommen nie zurück.

Es haucht der WIND ÜBER DEN SCHÄREN.
Man wartet WEIHNACHT aufs PAKET.
Doch WENN WIR ALLE ENGEL WÄREN,
wärn VOM WINDE wir VERWEHT.

***

Zeichensprache

Vor tausenden von Jahren schrieben
die Ägypter Hieroglyphen,
malten sie mit sich'rer Hand
oft mit Farben an die Wand.
Sie erzählten farbenfroh
von ihrem Gott, dem Pharao.
Der ließ die Hieroglyphen prüfen,
ob sie ihm denn auch belieben.

Heutzutage aber schreiben
Kinder wieder Hieroglyphen,
doch mit ungelenker Hand.
Wischen ist nur int'ressant.
In der Schule gibt 's Spektakel,
Lehrer rügen das Gekrakel.
Wenn sie 's auf Fehler überprüfen,
wird sie 's in den Wahnsinn treiben.

Wenn wir auf das Smartphone blicken,
sehn wir wieder Bilderzeichen:
Die, das ist der neuste Trend,
man neudeutsch jetzt Emojis nennt:
Daumen hoch und Stinkefinger,
Herzen, Smileys, solche Dinger.
Wird das Wort bald völlig weichen?
Fortentwicklung? Kannste knicken.

Ich Aff schlag Hände vors Gesicht,
denn ich trau meinen Augen nicht.
Wie einst am Nil hat man auch jetzt
die Herrscherin ins Bild gesetzt.
Das Smiley mit der Hängeschnute
erinnert immer an die Gute.
Und endlich schließt sich so der Kreis:
Wie 's weitergeht? Wer weiß, wer weiß?

***

Graffiti

In Orten und noch mehr in Städten,
in kleinen, großen und auch netten,
verkommenen sowie adretten,
sieht an Fassaden, Bahnen, Brücken,
in Winkeln, wo sich Paare drücken,
an Türen, Mauern, Lattenzäunen,
Hallentoren und auch Scheunen,
auf Straßenschildern, Trafokästen
und da, wo Bauern Schweine mästen,
in jedem Falle da und hie
man allzu häufig Graffiti.

An grauen Mauern, tristen Ecken,
wo Obdachlose sich verstecken,
kann Farbe Lebensgeister wecken.
Doch an Gebäuden, renovierten,
sieht man auch, dass da Leute schmierten.

Meist hat der Mensch sich nicht bemüht,
hat er was an die Wand gesprüht.
Was heimlich er in dunkler Nacht
hat an 'nem Bauwerk angebracht,
hat, man möge mir verzeihn,
mit Kunst und Können nichts gemein.

Wenn 's Streetart à la Banksy wäre,
wie Spy, Laguna, David Zinn,
dann wäre es schon legendäre
Kunst an Bauten immerhin
und ergibt auch einen Sinn.
Doch leider ist es meist Gekrakel,
und dieses oft noch fehlerhaft;
man nimmt es wahr als ein Debakel,
degenerierte Schaffenskraft.
Das Gesetz bezeichnet 's als
Beschädigungen jedenfalls.

Der Schaden, der entsteht, beträchtlich,
das Geschmier, oft noch verächtlich,
rassistisch, feindlich formuliert,
ist etwas, das noch affiziert
und nicht selten provoziert.
Da fällt mir ein, dass Narrenhände
nur beschmieren Tisch und Wände.
Ein Spruch, wohl aus dem Mittelalter,
soll Mahnung sein für die Gestalter
von dies und jener Frontansicht.
Der Volksmund ist so dämlich nicht!

Ein Musical-Libretto 2020

EVITA und ELISABETH hatten GAUDI
beim CABARET mit dem SOUND OF MUSIC
im SHOW BOAT in CHICAGO,
wohin der MANN VON LA MANCHA floh.

Dort traf er MY FAIR LADY,
die war so fair,
mit tollem HAIR,
eine Dame der HIGH SOCIETY.
Und er sagte: „KISS ME KATE.
Du SWEET CHARITY,
mit dir geh ich bis nach Laramie."

„MAMMA MIA", sprach Kate, „oh oh,
das ist wie in der ROCKY HORROR PICTURE SHOW.
Ich bin DIE SCHÖNE UND du DAS BIEST.
Ich hoffe, dass du Laramie ohne mich genießt."
Der Mann, der sehr auf TARZAN glich,
entgegnete: „Na dann eben nich.
Dann treff ich mich
mit MARY POPPINS und der KEUSCHEN SUSANNE
in der Savanne
von OKLAHOMA.
Da gibt 's zwar kein MoMA,
aber auf einem Berg
ein FEUERWERK.

Das ist eine echte WEST SIDE STORY,
aber im Süden.
Na dann bleibt eben da, ihr Müden."

Nun sprach Kate mit Sissi und Evita Perron
und animierte sie: „Nun kommt doch schon.
Wir fahren mit dem STARLIGHT EXPRESS
zum KÖNIG DER LÖWEN, zu den wilden CATS.
Das ist eine Hetz
und keinesfalls Stress."

„Oh, HELLO DOLLY, kommst du mit uns?",
fragten die Frauen. „Der TANZ DER VAMIRE
wird dir gefallen
und vor allem
sind wir viere."
Dolly meinte: „Na klar,
ICH WAR NOCH NIEMALS IN NEW YORK,
da gibt es das Mork vom Ork.
Doch vorher muss ich mich bemühen
und mir A CHORUS LINE ziehen,
dann bin ich wie JESUS CHRIST SUPERSTAR."

„Ah, da erscheint noch MISS SAIGON!
Hey, Baby, what's on?"
„Ich komm direkt aus ANATEVKA,
das war vielleicht dort ein Trara:
LES MISERABLES haben dort eine Bank geknackt
und überall nur GREASE gekackt.

Ich sagte dann:
‚ANNIE GET YOUR GUN!
Let's have fun.'
Dann feuerten Annie und DER ZAUBERER VON OZ
auf die Räuber ein Geschoss.
Doch die Räuber riefen heiter:
‚HINTERM HORIZONT GEHT'S WEITER.'
und verschwanden."

EVITA sprach: „Jetzt sind wir fünf,
wir machen uns nun auf die Strümpf
zu DOCTOR DOOLITTLE und den wilden Katzen,
die liegen faul auf den Matratzen,
denn der Doc muss den König der Löwen kurieren
er leidet am SATURDAY NIGHT FEVER.
Dieser Löwenkönig ist echt eine Diva."

So sind sie gegangen und hab'n 's noch gecheckt:
Das war ein gelungener SISTER ACT.

***

Hänsel und Gretel 2020

Hänsel und Gretel liefen in den Wald.
Die Gretel zog das Handy raus,
dem Hänsel war es kalt.
Die Gretel lotste Hänsel zu einem kleinen Haus,
dort schaute eine alte Frau zu einem Fenster raus.
Sie lockte beide Kinder mit Pfefferkuchen fein
und lud sie dann zum Essen in ihr Hexenhäuschen ein.
Da sprachen beide Kinder gleich wie aus einem Mund:
„Wir essen nichts mit Zucker drin, denn der ist nicht
gesund.“
Vor lauter Wut, da wurde die Hexe puterrot,
sie hatte hohen Blutdruck, fiel um und sie war tot.

* * *

Rotkäppchen 2020

Ein Teenie, weiblich, tätowiert,
Gesicht mit Make-up eingeschmiert,
mit Kappe in Ferrari-Rot
und T-Shirt braun wie Hundekot,
die Hose totally destroyed,
was ihre Mutter nicht erfreut,
sollt einen Korb mit guten Dingen
zu ihrer kranken Oma bringen.

Mit Murren ging der Teenie los,
doch setzte sich sehr bald ins Moos
um, sie meinte es zu brauchen,
eine Tüte Shit zu rauchen.
Nun ganz gelöst mit frohem Sinn
ging sie nun zu der Oma hin.
Die Oma war schon recht dement,
drum sie die Enk'lin nicht erkennt.

„Ich bring dir Mutters guten Wein
und schenk uns gleich ein Gläschen ein",
sprach 's und gab 's der Großmama.
Die trank 's in einem Zug; 's ist wahr.
Doch während sie beisammensitzen
sah Großmama zwei Augen blitzen;
die schauten allzu grimmig drein
von außen in das Zimmer rein.

„Ein Wolf!", rief da die Großmama,
denn das erkannte sie sogar.
Rotkäppchen, das beschwingte Kind,
nahm ihr Handy ganz geschwind,
wählte wie in Trance sodann
die Nummer von dem Jägersmann.
„Herr Jäger, kommen Sie schnell raus,
ein Wolf belagert Omas Haus."

Der Jäger kam mit großem Schritt
und hatte auch die Flinte mit.
„Pfoten hoch, du Wolf, sonst knallt 's!"
„Jäger, halt, bin auf der Walz!
Kam nur her, weil Leute rieten,
Oma Hilfe anzubieten."
„Lüg nicht, Wolf, sei nicht vermessen.
Du wolltest nur die Oma fressen."

„Jäger, nein, erzähl kein Schmäh,
die Oma ist mir viel zu zäh.
Diese kleine, kesse Göre
wollt ich haben. Echt, ich schwöre!
Ich kam, die Kleine zu vernaschen,
wollt auf dem Rückweg sie erhaschen."
„Dann mach dich jetzt auf deine Pfoten,
Teenies fressen, ist verboten."

Der Wolf, er trollt sich, furchtbar sauer
und legt im Wald sich auf die Lauer.
Nun sprach der Jäger hilfsbereit:
„Ich bring dich heim zur Sicherheit."
Doch kaum von Omas Haus entschwunden,
sprach der Jäger unumwunden:
„Oh, du süße, Zuckerschnute,
leck doch mal an meiner Rute."

Rotkäppchen: „Nein, das mach ich nicht!"
Und schlug ihm eine ins Gesicht.
Zornig legt' der Jägersmann
auf Rotkäppchen die Büchse an.
Da sprang der Wolf mit viel Entzücken
dem Jäger mitten auf den Rücken.
Der Jäger fiel, der Wolf war dreist
und hat ihn mit und mit verspeist.

Rotkäppchen, das dies angeschaut,
hatte dem Jäger glatt vertraut.
Der Wolf, der vorher ihr ein Graus,
führte sicher sie nach Haus.
„Wolf, ich danke dir mein Leben,
du hast mich gerettet eben.
Dabei hast du mich fressen wollen,
muss dir meinen Respekt nun zollen."

„Mein Kind, das war total gelogen
und – zugegeben - ungezogen.
Ich lebe lange schon vegan,
doch Jägerfleisch, hat gutgetan.
In Wahrheit wollt ich einmal schauen,
ob man dem Jäger konnte trauen.
Ich weiß, er war ein Schwerenöter
und ein schlimmer Wolfestöter.

Muss eines dir jedoch gestehen:
Was ich durchs Fenster hab gesehen,
hab ich gefilmt, ins Netz gestellt,
zur Ansicht für die ganze Welt.
Die Alte säuft, der Teenie high -
und dann noch dieses Angstgeschrei.
Der Film geht ab und zwar wie nix,
hat jetzt schon 100.000 Klicks."

So ist 's, wenn heute Oma und Kind
in Omas Häuschen beisammen sind.

***

Der Froschkönig 2020

Ein Königskind,
es hieß Jolanthe,
war eine ziemlich uncharmante,
unelegante, ignorante,
dicklich dumme Teenie-Tante
und sie war völlig durch den Wind.

Im Park des Schlosses saß und mampfte
sie Burg- um Burger, bis sie dampfte.
Dann spielte sie, es wurd schon Nacht,
mit ihrem Ball am Brunnenschacht.
Patsch, da fiel das gold'ne Ding
tief hinunter und war hin.

Jolanthe heulte furchtbar los,
denn Papa Königs Zorn war groß.
„Mensch, hör auf mit dem Geheule!
Ich, der Frosch, hab eine Beule.
Ich bin hier der arme Tropf,
die Kugel traf mich hart am Kopf."

„Nun trag mich in dein Kämmerlein,
versorge die Verletzung fein,
sonst sag ich 's deinem Väterlein
und werde zum Verräterlein",
sprach der Frosch und quakte laut,
so, dass Jolanthe es gegraut.

Weil sie das Gequake störte
und dachte, dass Papa es hörte,
nahm sie das Amphibium
mit in ihr Refugium,
setzte den zum Teil maroden
Frosch auf den kalten Steinfußboden.

„Das hilft mir nicht, Prinzess Jolanthe.
Ich brauche Hilfe, ambulante.
Du wirst die Beule heilen müssen.
Was dabei hilft, das ist das Küssen."
„Ich küsse keinen fiesen Frosch!"
Dann sie ihn in die Ecke drosch.

Und plötzlich stand dort an der Wand
ein hübscher Prinz, sehr elegant.
„Oh, ein Prinz, schön, kerngesund!
Ich küss nun gern dich auf den Mund",
sagte dieses arrogante,
royale Königskind Jolanthe.

Da sprach der Prinz: „Halt ein, halt ein!
Du hast den Zauber mir genommen,
der einst ist über mich gekommen.
Doch ein Kuss kann nicht mehr sein.
Ich steh auf Herren, ich kann 's schwören,
und nicht auf dicke Teenie-Gören."

Jolanthe war seit dieser Nacht
total um den Verstand gebracht.
Ganz ohne Bimbamborium
lebt sie im Sanatorium.
Der Prinz indes lebt monogam
mit ungarischem Putzigam.[2]

***

---

[2] ungarisch für Liebling, Schatz

Der Struwwelpeter im Jahre 2020

(frei nach Dr. Heinrich Hoffmann)

Die Geschichte vom Struwwelolli

Sieh einmal, der Struwwelolli!
Schaut aus wie ein Bearded Collie.
Haare, struww'lig, doch gekämmt,
hängen weit herab aufs Hemd,
Strähnchen wirken sehr erlaucht,
sind in Rezo-Blau getaucht.
Sein Körper, der ist glattrasiert,
die Nägel lang und pink lackiert.
Die Mädchen finden ihn so cool,
denn Struwwelolli, der ist schwul.

***

Die Geschichte vom bösen Benedikt

Der Benedikt, der Benedikt,
war einer, der nicht richtig tickt.
Schon durch die Fliege an der Wand
war er plötzlich wutentbrannt.
Wenn er sie fing, oh welch ein Graus,
riss er ihre Flügel aus.

Die Feder auf 'nem Hühnerei
brachte ihn zur Raserei.
Dann ging er in den Hühnerstall
und rupfte dort die Hühner all;
die armen waren nun ganz kahl
und litten fürchterliche Qual.

Auf sein kleines Schwesterlein
drosch Benedikt tagtäglich ein.
Zu seiner Freundin, der Elise,
war er auch regelmäßig miese.
Es freute ihn der Mädchen Schmerz,
denn kalt und böse war sein Herz.

Als Benedikt, was er nicht sollte,
auch die Bienen ärgern wollte,
hab'n die Tierlein das gerochen
und Benedikt komplett zerstochen.
Der Benedikt vor Schmerzen schrie,
es lachte Schwesterlein Marie.

Benedikt lag nun im Bett, da
besuchte ihn der Doktor Netta.
Der kühlte dessen Bienenstiche
und hörte dann auch fürchterliche
Berichte von den beiden Mädchen,
wie Benedikt dreht stets am Rädchen.

Die lieben Eltern standen stumm
um ihres Sohnes Bett herum.
„Der Junge braucht ‘nen Psychologen,
er ist sozial nicht ausgewogen
und, ich hab es grad gehört,
emotional auch sehr gestört.“

Die Eltern waren richtig platt:
Woher der Junge das wohl hat?
Da sprach das kleine Schwesterlein:
„Mein Bruder, der wirft Pillen ein.“

Der Doktor meinte: „Nun ist klar,
dass Benedikt auf Drogen war.
Und damit nicht noch mehr passiert,
wird stationär er bald kuriert.“

Für Benedikt ist ’s schlimm genug,
ist in der Klinik auf Entzug.
Ein Ende ist noch nicht in Sicht.
Na, wer ist darauf wohl erpicht?

***

Die gar traurige Geschichte mit den Kerzen

Pauline war allein zu Haus,
allein zu sein, war ihr ein Graus.
Die Eltern hatten beide Schicht,
sonst reichte es zum Leben nicht.
Und darum lud, es war halb acht,
sie ihren Freund ein für die Nacht.

Um es gemütlich zu gestalten,
und Atmosphäre zu entfalten,
zündete sie in ein, zwei Räumen
Kerzen an, nur so zum Träumen.

Und Si und Am, die Katzen,
die hoben ihre Tatzen,
sie drohten mit den Pfoten:
„Die Eltern hab'n 's verboten.
Messer, Gabel, Schere, Licht,
taugen für die Kinder nicht."

Pauline sprach: „Hört auf zu schrein,
ich bin kein kleines Kind mehr, nein.
Ich bin schon vierzehn, bin schon groß.
Haut ab, sonst werd ich rigoros."
Mit hoch erhobnem Schwanze trollten
sich Si und Am, die Augen rollten.

Pauline macht' es sich nun nett
mit ihrem Freund auf Couch und Bett.
Sie aßen Pizza, tranken Bier
und schauten Netflix bis um vier.
Dann schliefen sie ganz friedlich ein,
die Kerzen brannten hell und fein.

Und Si und Am, die Katzen,
die hoben ihre Tatzen,
sie drohten mit den Pfoten:
„Die Eltern hab'n 's verboten.
Messer, Gabel, Schere, Licht,
taugen für die Kinder nicht."
Doch niemand hörte ihr Geschrei
morgens früh um fünf Uhr drei.

Viel zu dicht standen die Lichter
am Vorhang und der Teens Gesichter.
Und mitten in dem schönsten Traum,
da ging ein Windstoß durch den Raum.
Das Kerzenlicht erfasste schnell
Gardinen, Kissen, Bettgestell.
Die Kinder schrien kurz und schrill,
danach waren sie ganz still.

Und die Katzen Si und Am,
machten schreckliches Tamtam.
Sie miauten und sie fauchten,
während alle Möbel rauchten.

Dann wählten sie die eins eins zwei:
„Feuerwehr, komm schnell herbei.
Die Flammen züngeln hell und groß,
es ist ein fürchterliches Bangen,
die Kinder sind dort drin gefangen.
Was machen wir bis dahin bloß?"

Die Feuerwehr war da geschwind,
doch schon zerstört warn Heim und Kind.
Die Kinder wurden tot geborgen.
Und Si und Am, die klugen Katzen,
weinten Tränen in die Tatzen:
„Was hab'n die Eltern nun für Sorgen
und für großes Herzeleid!"
Heilt alle Wunden denn die Zeit?

***

Die Geschichte von dem schwarzen Buben

Vor dem Lokal „Zum Tintenfass",
da stand der Lehrer Nikolas,
hielt seine Tasche unterm Arm,
die er stets mit zur Schule nahm.
Die Schule war gerade aus,
die Kinder schlenderten nach Haus.
Der schwarze Lukas ging vorbei
und grüßte freundlich ihn mit „Hi".

Max, Igor und auch Valentin,
die hatten Gutes nicht im Sinn
und liefen zu dem Knaben hin.
Sie kreisten ihn erst einmal ein
und begannen dann zu schrein:
„Was willst du Affe denn nur da,
geh doch zurück nach Afrika!"

Dann hab'n sie weiter ihn gedisst
und ihn am End noch angepisst,
weil er ein schwarzer Junge ist.
Der Lehrer hörte das Gebrüll,
sprach: „Was ist los? Nun seid mal still."

„Der schwarze Aff soll sich doch trollen,
ich weiß nicht, was wir mit dem sollen!",
rief Valentin sehr rigoros,
Max und Igor nickten bloß.

Nun holte Lehrer Nikolas –
und die Idee, die war echt krass -
den Gartenschlauch vom „Tintenfass".
Dann drehte er die Spitze auf,
und hielt sie auf die Knaben drauf.
Doch aus dem Schlauch, das war noch krasser,
kam schwarze Tinte und kein Wasser.
So durchtränkte mit der Finte
er die drei Stänkerer mit Tinte.

Die Übertäter standen da,
nun tief geschwärzt von Fuß bis Haar.
Doch der Lukas lachte laut,
weil sich der Lehrer das getraut
und machte schnell für Instagram
ein Foto - für die drei zur Scham.

Ja, das geschah den drei Rassisten,
weil sie einen Schwarzen dissten.

***

Die Geschichte vom wilden Jäger

Es ging ein wilder Jägersmann
sehr fröhlich auf die Pirsch.
Er hatte Jägerkleidung an,
wollt schießen einen Hirsch.

Doch nachts zuvor hatt' er gezecht,
war müde noch vom Trinken,
der Körper forderte sein Recht,
drum tat er niedersinken.

Er schlief sehr gut im tiefen Wald,
die Bäume warn recht kahl.
Dann wachte auf Herr Theobald.
Er hatte keine Wahl.

Denn der ganze Forst, der brannte,
Jäger Theobald, der rannte
so schnell er konnte weg vom Fleck,
die Büchse warf er einfach weg.

Er rannte fort vom Feuermeer,
Hasen, Hirsche hinterher;
da hörte er die Feuerwehr.
Herr Theobald lief hin zum See,
da taten Flammen ihm nicht weh.

Drei Tage brannte es, oh Graus,
der Jäger war schon lang zu Haus,
war wie ein Windhund heim gerannt
und trotzdem etwas angebrannt.
Er war vom Feuer recht geschunden,
sein Weib versorgte seine Wunden.

Der Wald war nun zur Hälfte fort,
nur Asche lag noch dort am Ort.
Warum wohl dieser Brand entstand?
Es hatte lange nicht geregnet,
der Wald war nicht mit Nass gesegnet.
Dann hat die Polizei erkannt:
Ein Brandstifter geht um im Land.

***

Die Geschichte vom Daumenlutscher

Wenn heut ein Kind am Daumen lutscht,
ihn ableckt, so dass es schön flutscht,
dann sagt die Mutter: „Lass das, Finn.
Denn deine Zähne werden krumm
und das ist wirklich richtig dumm.
Denn später brauchst du eine Klammer,
ich höre jetzt schon dein Gejammer.
Der Zahnarzt freut sich immerhin."

Doch Finn lutscht einfach weiter.
Wenn er die Spange später kriegt
und keine Warnung hat obsiegt,
ja, der Finn, dann schreit er.
Denn mit den Drähten im Gesicht
lispelt er nur: „Ich möcht es nicht."
Die Daumen hat er beide zwar,
doch auch die Klammer viele Jahr.

***

Die Geschichte vom Suppen-Kevin

Der Kevin, der war dick und rund,
die Wangen bleich, nicht sehr gesund.
Der Kevin saß kaum mehr bei Tisch,
aß kein Gemüse, Obst und Fisch.
Und auch die Suppe mied er sehr,
nur Pizza, Burger mussten her.
Und er fing immer an zu schrein:
„Ich esse keine Suppe! Nein!
Ich esse meine Suppe nicht!
Ein Döner ist mein Leibgericht."

Im nächsten Monat – sieh nur her –
die Wangen feist, sein Blick schon leer.
Kam aus dem Zimmer nicht mehr raus,
wollt zocken nur, tagein, tagaus.
Stopft' Junkfood nur noch in sich rein,
sah bald schon aus ganz wie ein Schwein.
Und rief die Mutter ihn zu Tisch
zu Suppe, Brot, Salaten frisch,
da fing der Kevin an zu schrein:
„Ich esse keine Suppe! Nein!
Ich esse auch Salate nicht!
Denn Chips sind nun mein Leibgericht."

Im dritten Monat, weh und ach!
Der Kevin war sehr fett, doch schwach.
Kommt kaum mehr aus dem Bett heraus,
er sah ganz ungewaschen aus.
Das Haar voll klebrig fettem Dreck,
am Hals nur schwabbel wabbel Speck.
Als Mutter dann ins Zimmer trat
mit Speisen äußerst delikat,
mit Rindfleischsuppe, klar und fein,
da fing er wieder an zu schrein:
„Ich esse diese Suppe nicht!
Denn Pudding ist mein Leibgericht."

Im vierten Monat endlich krachte
des Kevins Bett und Kevin lachte.
Sein Herz verfettet, prall der Bauch,
dreihundert Kilo drückten auch
immens auf dieses Knaben Lungen.
Und Atemnot befiel den Jungen,
der nur noch Schokolade schmatzte,
bis er am Ende schlichtweg platzte.

***

Die Geschichte vom Zappel-Philipp

Ob der Philipp heute still
in der Schule sitzen will?
Da ist erneut kein Denken dran,
denn Philipp fängt zu zappeln an.
Und er kippelt und er stört,
bis keiner mehr den Lehrer hört.

Zu Hause geht das Drama weiter,
bei Tisch, da spielt er hoppe Reiter
und schaukelt wild, bis dass er fällt,
drum er sich fest am Tische hält.
Der Tisch, er kippt mitsamt dem Kind
und die ganze Suppe rinnt
ihm übers Haar und übern Hals.
Darüber rieselt noch das Salz.

Der Knabe liegt verschmutzt am Boden.
Und die Eltern blicken stumm
sich in ihrem Zimmer um.
Sie sind am End mit den Methoden,
zu viel von Philipps Episoden.
Die Eltern haben kaum mehr Kraft;
der Philipp, der hat sie geschafft.

Sie holen Rat sich möglichst schnelle
bei einer Beratungsstelle.
Auch ein Arzt wird konsultiert,
der schließlich diagnostiziert:
„Philipp hat ADHS.
Das verursacht all den Stress.
Ich verschreibe Ritalin,
das beruhigt immerhin."

Philipp ist jetzt Pillenesser
und er lernt auch sehr viel besser.
Dafür schwitzt er wie ein Bär,
die Haut entzündet, juckt auch sehr.
Die Eltern überlegen drum,
ob dieses Therapeutikum
dem Kind mehr schadet als es nützt.
Ob der Arzt sie unterstützt?

***

Die Geschichte von Tom Guck-auf-die Erd

Wenn Tom zur Schule sich bewegte,
sein Blick stets nur am Boden klebte,
denn mit dem Smartphone in der Hand
ging der Tom durch Stadt und Land.
Die Augen aufs Display gerichtet,
schnell die WhatsApp Posts gesichtet,
auch auf Instagram geblickt,
ob sein Foto Likes gekriegt,
hat der Tom nicht aufgepasst
und lief vor den Laternenmast.
Die Beule an dem Kopfe zeugte
davon, dass er das Haupt nur beugte.

An einem andern Tag, als da
Tom beim Geocaching war,
rief ihn seine Freundin Elfie:
„Komm wir machen schnell ein Selfie.
Wir stellen uns da an den Hang."
Den beiden war weiß Gott nicht bang.
Kaum, dass das Foto war gemacht,
ist Tom nach hinten weg gekracht
und kugelte, nicht mehr ganz munter,
den Abhang rücklings schnell hinunter.
Den Sturz, den hat er überwunden,
doch war das Bein nun stark verbunden.

Tom humpelte, nun sehr ergrimmt
und nicht auf Schule eingestimmt,
doch stets den Kopf nach vorn gebückt,
was viele Leute nicht entzückt.
Sie warnten Tom nun - lobenswert:
„Tom, guck doch nicht nur auf die Erd."
Doch Tom, er hörte nicht auf sie
und hielt das Smartphone fest wie nie.
Aus seinen Earphones Musik dröhnt',
doch daran war der Tom gewöhnt.
Als er dann eine Straße querte,
die Autos weder sah noch hörte,
hat man den Tom mit nur zwölf Jahren
am Ende einfach totgefahren.

***

Die Geschichte von der fliegenden Roberta

Robertas Freundin Edeltraut
lud zur Hochzeit ein als Braut.
Roberta, kränklich, zart und klein,
fiel eine Überraschung ein.
Drum hat sie für 'nen Batzen Geld
einhundert Luftballons bestellt,
prall gefüllt mit Heliumgas,
dem Hochzeitspaar zum Freudenspaß.

Die hatte sie schon morgens früh
geladen in den SUV.
Als des Brautamts Ende nahte,
sprach Robertas Frau Beate:
„Ich helfe dir mit den Ballonen,
du musst dich noch etwas schonen."
„Nein, ist gut, das muss nicht sein.
Das schaffe ich schon ganz allein."

Roberta öffnete mit Schwung
voll Freude und Begeisterung
die Türen ihres SUV,
zog dann mit Vorsicht ebendie
Luftballons aus ihrem Wagen.
Da kam ein Windstoß sozusagen
und hob Roberta samt Ballons
hoch in die Luft in Richtung Zons.

Roberta zappelte und schrie:
„Mein Gott, wohin nur fliegen die?"
Das war das Letzte, was man hörte
auf dem Platz, wo das verstörte
Brautpaar in den Himmel blickte.
Roberta, diese ungeschickte,
verschwand im schönen Himmelblau.
Wohin, weiß niemand ganz genau.

***

IV. Wenn 's menschelt

Wieder Vollmond

Der volle Mond, er starrt mich an
aus seiner dunklen Kammer,
sodass ich gar nicht schlafen kann.
Mein Gott, es ist ein Jammer!

Der Mond macht Ebbe und die Flut,
er regelt die Gezeiten,
doch mir, mir tut er gar nicht gut,
kann nicht ins Traumland gleiten.

Ich wälze mich in meinem Bett
ganz unruhig Stund um Stunde.
Der Mond schaut still herab - wie nett.
Doch ich geh vor die Hunde.

***

Sisyphus

Für den Griechen Sisyphus
war am Ende es ein Muss,
an einem Berg tagaus, tagein
emporzurollen einen Stein.

Heut bringt der Hausfrau es Verdruss,
was sie tagtäglich tuen muss:
Kochen, waschen, flicken, putzen,
Kinder hüten, Pflanzen stutzen.

Kaum ist alles dann getan,
fängt 's noch mal von vorne an.
So ist schließlich, welch ein Stuss,
die Hausfrau auch ein Sisyphus.

Stop! Ich muss da noch was ändern,
denn ich vergaß korrekt zu gendern. ...
So ist schließlich jede Tussi
am Ende eine Sisyphussi.

Halt! Um Gottes Willen nein!
Diskriminierend darf 's nicht sein. ...
Am End ist jede Haushaltsbiene
auch eine Sisyphussine.

Das ginge schon, doch geht 's noch besser
mit Bildung á la Frau Professor. ...
Am End ist jede Domina
auch eine Sisyphonina.

***

Unter der Platane

Unter der Platane,
unterm Blätterdach,
steht in der Soutane
ein Priester und macht Krach.
Er singt und jauchzt: „Halleluja!
Der Messwein, der ist wunderbar."
Hat wohl zu viel daran genippt.
Dann ist der Gute umgekippt.

***

Mutters Herz weint

Mutters Herz weint.
    Ihr Kind geht in die Ferne.
    Doch das sieht sie nicht so gerne.
Mutters Herz weint.
    Sie kann es nicht verhindern,
    denn sie hängt an ihren Kindern.
Mutter weiß,
    dass Kinder eig'ne Wege gehn.
    Sie will auch nicht im Wege stehn.
Mutter weiß:
    Daheim sind Kinder nur auf Zeit,
    im Herzen für die Ewigkeit.
Mutters Herz weint.
    Doch es rollen keine Tränen.
Denn Mutter weiß:
    Ein Abschied, der so tränenschwer,
    schmerzt noch tausend Male mehr.
Mutters Herz weint.
    Doch manchmal ganz gelegentlich,
    wird ein Auge nass,
    verhindern kann sie 's nicht.
Mutters Herz freut sich.
    Das Kind, es ist gesund zurück.
    Und sie dankt Gott für dieses Glück.

***

Lasst uns zu den Sternen fliegen

Lasst uns zu den Sternen fliegen!
Sie sind 's, die die Richtung geben
für das, was wir wolln im Leben.

Lasst uns zu den Sternen fliegen
und die Träume nicht begraben,
Träume sind es, die wir haben.

Lasst uns zu den Sternen fliegen
und die Wünsche nicht verlieren,
Wünsche, die uns motivieren.

Lasst uns zu den Sternen fliegen
und die Freude nicht vermissen,
Freude, die uns mitgerissen.

Lasst uns zu den Sternen fliegen
und die Hoffnung stets behalten,
was wir wünschen zu gestalten.

Lasst uns zu den Sternen fliegen
und stets unsre Wärme spüren,
uns und andre zu berühren,
bis wir zu den Sternen fliegen.

***

Weinseligkeit

oder apropos Wilhelm Busch

Wir saßen lauschig einst beim Wein
in einem Weinlokal am Rhein.
Schon morgens früh warn wir ganz dreist
tief aus dem Westen angereist.
Ein Freund erklärte zu der Zeit
auch gern des Weines Wirksamkeit.
Er war schon etwas reif an Jahren
und drum, was das anging, erfahren.
„Schläfrig, albern, aggressiv,
benebelt oder depressiv",
sprach er, „kann die Folge sein,
schenkt man dir zwei, drei Viertel ein."
Und er erklärte ohne Witz:
„Nach Rotwein werd ich immer spitz."

Wenn Rotwein ist für alte Knaben
eine von den bessren Gaben,
ist 's schön, wenn dann so mancher Mann
Viagra schlicht vergessen kann.

***

Was wäre?

Was wär ein Deckel ohne Topf
und eine Wanne ohne Pfropf?
Was wär ein Tiger ohne Streifen
und ein Auto ohne Reifen?
Was wär Britannien ohne Queen
und Deutschland ohne sein Berlin?
Was wäre Wien denn ohne Wein
und ein Maurer ohne Stein?
Was wär die Küche ohne Herd
und ein Jockey ohne Pferd?
Was wäre Köln denn ohne Dom,
der Vatikan ganz ohne Rom?
Was wäre Finnland ohne Seen,
ein Märchen ohne Zauberfeen?
Was wäre Ostern ohne Eier
und Karneval ganz ohne Feier?
Was wär ein Baby ohne Windel
und Boris Johnson ohne Schwindel?
Was wäre Tünnes ohne Schäl
und ein Kuchen ohne Mehl?
Was wäre Schall denn ohne Rauch,
das Millionärs-Quiz ohne Jauch?
Was wäre Bayern ohne Biere
und ein Zoo ganz ohne Tiere?
Was wäre Ernie ohne Bert,
die Welt ohne Neujahrskonzert?

Was wär ein Fischer ohne Netz,
der deutsche Staat ohne Gesetz?
Was wär die Welt ohne die Sonne,
Diogenes ohne die Tonne,
das Abendmahl ganz ohne Brot
und „Jedermann" ohne den Tod?
Was wäre E ohne das U,
Australien ohne Uluru
und ABBA ohne Waterloo?
Und ganz am Ende frag ich mich:
Was wäre ich
denn ohne dich?

***

Ich bin, wie ich bin

Schaut mich einer an,
hör ich ihn oft sagen:
„Oh Mann, oh Mann,
die könnte auch mal ein Update vertragen."
Fett absaugen wär eine Idee
und Bauch, Beine, Po dann straffen,
das Gesicht liften lassen,
tut alles kaum weh.
Doch ich mach mich nicht zum Affen.
Meine Pfunde und Falten gehören zu mir
wie zu einem Baum die Jahresringe.
Es sind natürliche Dinge,
ehrlich erworben,
durch das Leben
eben.
Andere, drei Mal runderneuert,
haben beteuert:
„Es ist alles Natur!
Nur Wasser, Sport und Seife."
Glaubt ihr, dass ich nicht begreife:
Das ist doch nur
Makulatur.
Doch ich bin, wie ich bin
und wer es nicht mag,
der schaue nicht hin.

***

Keine Zeit

Ich hab keine Zeit:
Das warn meine Worte
an manch einem Orte,
wenn man mich gefragt.
Dann hab ich gesagt:
Ich hab keine Zeit.

Ich hab keine Zeit
mehr für nichtige Sachen.
Ich nehme mir Zeit,
um herzhaft zu lachen.
Ich hab keine Zeit
mehr, um Zeit abzusitzen.

Ich nehme mir Zeit,
um in Ländern zu schwitzen,
die ich schon ewig
besuchen wollte,
aber nicht konnte,
weil der Rubel nicht rollte.

Ich hab keine Zeit
mehr zu vertuen.
Ich brauche mehr Zeit,
um mich aus zu ruhen.
Ich brauche die Zeit,
um Gedanken zu denken.

Und ich brauche die Zeit,
um sie andern zu schenken.
Ich brauche die Zeit,
um Bücher zu lesen,
bevor sie im Schranke
ganz langsam verwesen.

Ich brauche auch Zeit,
die Zeit, um zu trauern.
Ich brauche die Zeit,
mich auch hinter Mauern
mal zu verstecken,
wenn ich 's nicht ertrage,
dass andre mich schrecken.

Ich brauche die Zeit,
um Bücher zu schreiben
und mal ein paar Stunden
ganz bei mir zu bleiben.

Ich will keine Zeit
mehr mit Menschen vertrödeln,
die nicht im Stand sind,
mal kräftig zu blödeln.

Ich will keine Zeit
mehr mit Dingen verbringen,
die mich schon sehr bald
in ein Stimmungstief zwingen.

So will ich in der Zeit,
die mir nun noch bleibt,
bevor dann der Schnitter
die Sense mir zeigt,
die Sachen nur machen,
die Freude entfachen,
zu allen Zeiten
Glück verbreiten,
Zufriedenheit geben.

Ich brauche jetzt Zeit,
um *mein* Leben zu leben,

***

Rare Exemplare

Männer, die die Tür aufhalten,
ihre Hemden selber falten,
Männer, die selbst Socken stopfen,
nicht jovial auf Schultern klopfen,
Männer, die galant, charmant sind
und nicht ständig larmoyant sind,
Männer, die Humor beweisen,
nicht nur derbe Zoten reißen,
Männer, die sich selber pflegen,
sich auch elegant bewegen,
die auf der Toilette sitzen
und nicht stets daneben spritzen,
Männer, deren Intellekt
sich über Sex hinaus erstreckt,
die gebildet sind, belesen
und auch mal in der Welt gewesen,
die tolerant sind, akzeptieren,
dass Frauen auch mal triumphieren,
Männer, die die Frau'n verstehen,
sie nicht nur als Objekte sehen,
sind für uns Frauen wunderbare,
doch wirklich rare Exemplare.

***

Influenza

Hey Leutz, ibims, euer Influencer!
Ich hab jetzt voll die Influenza.
Habe trocknen Husten und auch Fieber.
Der Arzt meinte: „Hör mir mal zu, mein Lieber.
Du hast ein Virus, das ist gefährlich.
Es ist hoch infektiös. Glaube mir, ehrlich."

Hey Leutz, ich bin jetzt in Quarantäne.
Vor lauter Husten wackeln schon meine Zähne.
Schlapp bin ich und ich schniefe und keuche.
Ich hab 'ne Scheiß Angst – das ist voll die Seuche –,
dass dieses Virus meinen PC infiziert
und der Computer mir dann nicht mehr pariert.
Wenn der Rechner erst dieses Virus fängt,
hat er sich dann blitzschnell aufgehängt
hängt
hängt
hängt
hängt
hängt .....

***

Kleine weiße Wolke

Eine kleine weiße Wolke
zieht an dem blauen Himmelszelt,
zieht über Wiesen, Flüsse, Felder
weit hin in die große Welt.

Keine Grenzen, keine Zäune
hemmen sie auf ihrer Bahn.
Sie ist grenzenlos beweglich,
hält auf ihrem Weg nicht an.

Sehnsucht weckt in mir die Wolke
nach unbegrenztem, freien Sein.
Sie zieht weiter, ich muss bleiben
hier ganz einsam und allein.

***

Karl und Käthe

Die Jubilare Karl und Käthe
sind getraut seit 60 Jahrn.
Karl war Steiger, Käthe nähte,
als sie noch jung an Jahren warn.

Nachkriegsjahre, keine Bleibe,
frieren, Krankheit, bittre Not,
zu essen gab 's oft nur 'ne Scheibe
unbelegtes, trocknes Brot.

Jahre kamen, Jahre gingen,
Kinder kamen Stücker drei.
Es war stets ein hartes Ringen,
doch die Liebe half dabei.

Karl war Steiger, Käthe nähte
für eigne und für andre Leut,
auch wenn der Wind mal heftig blähte,
es hat sie nie etwas gereut.

Karl ist lange schon in Renten,
Käthe näht noch ab und an,
mit Enkeln füttert Karl die Enten,
Käthe kocht und freut sich dran.

Zu ihrem Gnaden-Hochzeitsfeste
kommt die Familie angereist,
das kleine Haus ist voller Gäste,
man scherzt und lacht und singt zumeist.

Nach Kirche, Festmahl mit dem Wein,
da sagen sie, wie schön 's doch war
und schlafen händchenhaltend ein,
so wie die letzten siebzig Jahr.

***

Berauscht

Alkohol und Zigaretten
wollten Peter nie recht schmecken.
„Nach Genuss von Alkohol",
sagt er, „fühl ich mich nicht wohl.
Alkohol, du meine Güte!
Ich rauch lieber eine Tüte
oder zieh mir zwei, drei Linien
im Garten unter den Glyzinien.
So berausche ich mich wohl,
doch ich vertrag kein' Alkohol.

Zu Pillen, Pilzen, Ecstasy
sag ich indessen niemals nie.
Denn zwischen Leber und die Milz
passt halt immer noch ein Pilz.
Hab Energie, bin doch berauscht,
muss sein, jetzt wird die Schicht getauscht.
Denn als Chirurg im Krankenhaus
hält man sonst diesen Stress nicht aus."

***

Graffiti

In Orten und noch mehr in Städten,
in kleinen, großen und auch netten,
verkommenen sowie adretten,
sieht an Fassaden, Bahnen, Brücken,
in Winkeln, wo sich Paare drücken,
an Türen, Mauern, Lattenzäunen,
Hallentoren und auch Scheunen,
auf Straßenschildern, Trafokästen
und da, wo Bauern Schweine mästen,
in jedem Falle da und hie
man allzu häufig Graffiti.

An grauen Mauern, tristen Ecken,
wo Obdachlose sich verstecken,
kann Farbe Lebensgeister wecken.
Doch an Gebäuden, renovierten,
sieht man auch, dass da Leute schmierten.
Meist hat der Mensch sich nicht bemüht,
hat er was an die Wand gesprüht.
Was heimlich er in dunkler Nacht
hat an 'nem Bauwerk angebracht,
hat, man möge mir verzeihn,
mit Kunst und Können nichts gemein.

Wenn 's Street Art à la Banksy wäre,
wie Spy, Laguna, David Zinn,
dann wäre es schon legendäre
Kunst an Bauten immerhin
und ergibt auch einen Sinn.
Doch leider ist es meist Gekrakel,
und dieses oft noch fehlerhaft;
man nimmt es wahr als ein Debakel,
degenerierte Schaffenskraft.
Das Gesetz bezeichnet 's als
Beschädigungen jedenfalls.

Der Schaden, der entsteht, beträchtlich,
das Geschmier - oft noch verächtlich,
rassistisch, feindlich formuliert -,
ist etwas, das noch affiziert
und nicht selten provoziert.
Da fällt mir ein, dass Narrenhände
nur beschmieren Tisch und Wände.
Ein Spruch, wohl aus dem Mittelalter,
soll Mahnung sein für die Gestalter
von dies und jener Frontansicht;
der Volksmund ist so dämlich nicht.

***

Frauke und Hauke

Frauke liebte ihren Hauke,
liebte ihn, fast wie er war.
Es störte sie nur seine Mauke,
denn der Geruch war fürchterbar.

Man versucht' es mit Tinkturen,
mit Puder, Paste und Parfüm.
Doch keine dieser vielen Kuren
beseitigten das Ungetüm.

Eines Tags geriet der Bauer
Hauke unter ein Gerät.
Die scharfen Klingen und die Hauer
hab'n seine Mauken abgemäht.

Nun hat statt Füße er Prothesen,
die sind geruchlos, ohne Strumpf.
Und Frauke sagt: „Das ist 's gewesen."
Liebt Hauke nun von Kopf bis Stumpf.

***

Speed Dating

Ich lebe länger schon alleine,
bin gesund, es geht mir gut,
habe Freunde, Lebensmut,
nur Partner finde ich gar keine;
ein Lebensmensch fehlt mir akut.

Keinesfalls möchte ich tindern,
Elite Partner lehn ich ab und Zweisam,
auch Parship passt nicht in den Kram;
sie werden meinen Wunsch nicht mindern
nach einem Partner, fühl mich einsam.

Darum hab ich mich entschieden:
Kennenlernen auf die Schnelle
könnte, wie ich 's vor mir stelle,
etwas sein, wo ich zufrieden
find meinen Mann für alle Fälle.

Und ich meldete mich dann
zu einem schnellen Treffen an.
Sieben Mann in acht Minuten –
find ich dadurch einen guten?
Ich bin bereit: wohlan, wohlan.

Nummer eins, es war der Heiner,
war sehr lustig, doch ein kleiner
Mann mit einem dicken Bauch,
war gesellig, schielte auch.
Für mich war Heiner leider keiner.

Nummer zwei, das war der Werner,
war nicht von hier, sondern ein Herner.
Werner stand sehr gut im Futter
und er wohnte noch bei Mutter.
Keiner lag mir ferner als Werner.

Nummer drei, das war der Walter,
während wir sprachen, ja da knallt' er
rein drei Bier und auch drei Korn.
Das Ganze dann noch mal von vorn.
Nun lallt' er, war ein schlechter Unterhalter.

Nummer vier, das war der Fiete,
Fiete war von Haus aus Brite.
Nur aus monetären Gründen,
wollte er hier Zuflucht finden.
Fiete, ich zahl niemals deine Miete.

Nummer fünf, es war Karl-Heinz,
ein Ingenieur und kam aus Mainz.
Er suchte nur für die vier Kinder
eine Mama mehr oder minder.
Doch Kindermädchen bin ich keins.

Nummer sechs war Waldemar,
der machte mir doch recht schnell klar,
er suche eine hübsche Frau
eigentlich nur so zur Schau.
Mit Ottokar war er ein Paar.

Mann Nummer sieben, Florian,
pries sich als Querdenker mir an.
Ein Alu-Hut hatte der Tropf
auf seinem glattrasierten Kopf.
Florian: kein Denken dran.

So hatt' ich mir in aller Welt
das Speed Dating nicht vorgestellt.
Demnächst geh ich ins Café Keese,
denn nun lautet meine These:
In ungezwung'ner Atmosphäre,
da seh ich eher, wer was wäre.

Und finde ich dort keinen Mann,
in den ich mich verlieben kann,
dann bleibe ich doch lieber solo,
anstatt liiert mit einem Prolo.

***

Kein Gedicht

Schreib ich dir lieber ein Liebesgedicht
oder lieber ein liebes Gedicht?
Ich sitze hier und weiß es nicht.
Und während ich denke - die Nase schnieft -,
Tinte aus meiner Feder trieft
und macht auf das weiße Büttenpapier
einen dicken, blauen Tintenklecks.
Und jetzt?
Anstatt dass ich den Fleck radier
und womöglich noch verschmier,
mach ich aus dem Klecks ein Tintenherz –
eigentlich nur so aus Scherz.
Schreib drüber: Mein Lieber!
Und meinen Namen darunter.
Auf den Umschlag: Für Gunther.
Nur wenige Worte, einfach und schlicht.
Doch ein Gedicht
ist es halt nicht.

***

Lila

Heute geht es mir ganz einfach lila,
nicht gut, nicht schlecht, so einfach mittendrin.
Heute geht es mir ganz einfach lila,
weil ich heut nicht in meiner Hochform bin.

Ich bin auch heute nicht besonders glücklich,
nicht fröhlich, aber auch nicht depressiv,
ich bin auch nur so mittel unermüdlich,
weil ich des nachts auch nur so mittel schlief.

Heute geht es mir ganz einfach lila,
will einfach nur mein eingefahr'nes Gleis.
Ich fliege deshalb auch nicht nach Manila,
obwohl ich doch im Grunde gern verreis.

Heute geht es mir ganz einfach lila,
bin nicht hochjauchzend und nicht tief betrübt.
Heute geht es mir ganz einfach lila,
in lila hab ich mich schon oft geübt.

Da reicht es wirklich nicht für große Taten
und für Aktionen ganz besond'rer Art.
Die großen Taten müssen einfach warten,
bis meine Farbe sich verändert hat.

Heute geht es mir ganz einfach lila,
hat meine Schwiegermutter oft zu mir gesagt.
Ich bin inzwischen auch bereit für lila,
die Farbe Lila ist an sich auch sehr gefragt.

Lila ist nur was für Feministen,
für alte Frauen ist es nur noch ein Versuch.
Lila hat Bedeutung auch für Christen,
Die Farbe Lila ist auch ein bekanntes Buch.

Lila hat im Grunde viele Seiten,
ist Würde, Aufbruch, Kreativität.
Lila wird mich künftig auch begleiten,
weil es mir häufig einfach lila geht.

***

V. Apropos Fauna und Flora

Die Schlange

In Indiens heißem Wüstensand
sich eine Schlange lange wand.
Sie war sehr matt und hungrig heute
und wartete auf fette Beute.

Da kam ein junger Missionar,
der diese Schlange übersah.
Sie zischte: „Priester, Gott zum Gruß."
Und biss ihm danach in den Fuß.

Von Fuß bis Kopf das Gifte strömte,
der Missionar nur leise stöhnte.
Das Gift die Wirkung schnell entfachte,
den Priester übern Ganges brachte.

Dann schlang die Schlange froh und munter
den Missionar komplett hinunter.
Als sie am Kopfe angelangt,
fiel seine Brille in den Sand.

Die Brille fand sie richtig chic
und klemmte sie in ihr Genick.
Seitdem, das weiß man hierzuland,
wird Brillenschlange sie genannt.

***

Vom Hamstern

Tief in der Nacht, als alles schlief,
ein kleiner, brauner Hamster lief –
das Tier, es ist stets nachtaktiv –
um irgendwo zu hamstern.
Und so kam 's dann:

Er hamsterte erst auf Feldern, in Gärten,
die auch die Menschen ganz prächtig ernährten,
bis er auf eine Türe stieß,
die man einen spaltbreit offen ließ.
Nun schlüpfte er, denn er war klein,
ganz problemlos dort hinein.

Doch was sah, was fand er hier?
Nur bergeweise Klopapier,
das türmte sich zur Decke.
So kletterte das kleine Tier
durch Rollen da und Rollen hier
und nagte dran, der Kecke.

Dann hat der Hamster sich getraut,
hat sich ein kleines Nest gebaut
tief drin in einer Rolle.
Warum er 's tat, das ist doch klar:
weil es ein Hamstereinkauf war.
Das ist ja grad das Tolle.

***

Unter Wölfen

Es steht ein Wolf am Gartentor,
das kam jahrzehntelang nicht vor.
Er ist zurück, wo er einst war.
Das Gartentor war da nicht da.

Getötet hat man ihn, vertrieben,
drum ist er lange fortgeblieben.
Nun, wo er wieder sich vermehrt,
den Lebensraum zurück begehrt,
hört man die Menschen wieder schrein:
„Wir wollen keine Wölfe, nein!
Die sind gefährlich und riskant
und nehmen sicher überhand."

Man will zwar die Natur erhalten,
denn Arten sollen sich entfalten,
doch die Bewohner selektieren;
man will nicht alles protegieren.

Man möchte zwar die Wälder schützen,
doch Wölfe können uns nichts nützen.
Drum teilt man alle Arten fein
in Gut und Böse einfach ein.
Auch schon die Märchenbrüder Grimm
beschrieben Isegrim als schlimm.

Millionen Deutsche haben Hunde
und lieben sie im Herzensgrunde.
Doch Schäferhund und Mops und Pudel,
die stammen auch vom Wolfesrudel.
Drum haben viele – ei, der Daus –
schon lange ein Stück Wolf im Haus.

***

Seltsame Kreuzung

Ein Eisbär liebte schon recht lange
eine sehr hübsche Klapperschlange.
Sie lebten auch schon lange Zeit
in innig trauter Zweisamkeit.
Die Sensation, sie war perfekt,
als man den Nachwuchs dann entdeckt:
Ein weißer Bär mit Schuppen dran,
der mit dem Schwanz laut klappern kann.

***

Schäfchen zählen

Wenn der Vollmond scheint
und ich nicht schlafe,
zähl ich die Schafe.
Doch warum zählen wir
gerade dieses Tier?
Warum nicht Hasen, nicht Kaninchen,
warum nicht Bienchen
oder Hummeln,
die mich in das Traumland brummeln?
Warum nicht Katzen oder Hunde?
Warum nicht Schmetterlinge?

Nun, diese sind so flatterhaft,
dass man das Zählen gar nicht schafft.
Kaninchen und Hasen
sieht man nicht oft auf dem Rasen
und wenn, dann meistens, wenn sie rasen.
Insekten, die sind klein und stechen.
Hunde und Katzen, doch nur die frechen,
beißen, kratzen und erbrechen
immer auf den Teppich
und nie daneben. Depp ich
mach den Fleck
dann weg.

Das Schaf, es ist ein Herdentier;
wir zählen, dann ermüden wir.
Das Schaf macht mäh
und mäht das Gras,
es ist lammfromm und brav
und reimt sich auch am besten auf Schlaf.

***

Die Frau mit den drei dicken Möpsen

Mancher Mensch hat was Spezielles,
etwas Individuelles.
Und so kenn ich eine Frau,
ich kenne sie nicht sehr genau,
die hat drei wirklich dicke Möpse,
nicht einen, nicht zwei, nein drei dicke Möpse.
Sie sehen so aus wie drei fleischige Klöpse
und wenn ich so auf ihre Möpse schau,
wird mir 's ums Herz so lau.
Denn ich würde gern ihre Möpse angreifen,
ganz zärtlich und liebevoll über sie streifen.
Und ich strecke die Hand aus, ganz mutig gelassen,
um die drei dicken Möpse mal anzufassen.
Und als ich zugreife, beißt mich was. - Au!
Wau wau, wau wau, wau wau.

***

Der Magnolienbaum

Auf knorrig kahlen Ästen sitzen
so grünlich braune Hütchenspitzen.
Sie sehen aus ganz einfach trist,
wie das bei braunen Schalen ist.
Doch kommt die warme Sonne raus,
da treiben weiße Spitzen aus.
Und bleibt die Wärme noch erhalten,
sich weiße Blüten dort entfalten.
Und bald gleicht einem weißen Traum
der riesige Magnolienbaum.
Für ein paar Tage hält die Pracht,
doch nach der ein und andren Nacht
regnen die Blütenblätter schnelle
herab und dann an ihrer Stelle
ganz kräftig grüne Blätter sprießen,
die braun im Herbst sich dann ergießen
auf die kühle Bodenfläche
oder auch in Teich und Bäche.
Das ist der Schönheit letzter Rest,
man sieht erneut nur das Geäst,
bis dann der ganze Baum entfacht
im nächsten Jahr erneut die Pracht.

***

Schafe oder Pferde

Wenn Claudia nachts nicht schlafen kann,
dann macht sie 's nicht wie jedermann
und zählt die vielen Schäfchen
fürs Schläfchen.
Denn Schafe stehn auf dieser Erde
stets in einer großen Herde,
doch Claudia zählt Pferde.

Eines schwarz, das andre braun,
ein drittes steht am Weidezaun,
das vierte ist ein Schecke,
das Pony an der Hecke
hat auf Shetland einst gehaust,
die Mähne ist total zerzaust.
Die Stute hat 'ne Blesse;
die zeigt ihre Noblesse.
Der Hengst frisst grad Karotten
und hat seine Marotten.
Das Minipferd frisst Heu,
die Nummer neun ist scheu.
Und schließlich zeigt der Schimmel
den Kindern seinen Pimmel.

Für Claudia liegt das Glück der Erde
klar auf dem Rücken ihrer Pferde.

Ganz gleich, wie lieb,
ganz gleich, wie brav,
egal auch, was sie wiegen:
Keine zehn Pferde kriegen
mich am Abend in den Schlaf.
Ich bleib beim Schaf.

***

Zwei Igel

Zwei Igel gingen hin zum Arzt,
ihr Stachelkleid: verklebt, verharzt.
„Herr Doktor, hilf uns, guter Mann,
nehmt euch doch unsrer Stacheln an.
So dienen sie uns nicht zum Schutz
mit diesem Kleber, Harz und Schmutz."

„Nein", sprach der Doktor, „wie prekär.
Ich bin doch kein Veterinär."
„Herr Doktor, das versteh, wer kann:
Wir lasen doch im Internet,
mehrfach, dick gedruckt und fett,
Sie bieten IGeL Leistung an."

***

Zwei Hummeln

Es gingen einst zwei dicke Hummeln
auf Hamburgs Reeperbahn zum Bummeln.
Zwei Matrosen beim Gefummel
riefen lauthals „Hummel, Hummel!"

Da fühlten die Hummeln sich angesprochen
und hab'n die Matrosen ins Glied gestochen.
Das Liebesspiel wurd abgebrochen.

***

VI. Total Vokal
und andere Spielereien
mit Sprache

Limericks

Aus Puffendorf kam eine Frau,
die wurde vor Scham rot und blau,
weil der Name der Stadt
was Erotisches hat.
Dann zog die Frau nach Sexau.

Es plante ein Mann eine Reise
zum Papst und er tippte ganz weise
ins Navi schnell ein,
Rom sollte es sein.
Jetzt sitzt in der Eifel der greise.

Eine junge Ärztin aus Celle
brauchte Mundschutzmasken sehr schnelle.
Und ihr Freund, der Jinjing, er
brachte ihr solche Dinger.
Denn der Chinamann saß an der Quelle.

Es reiste einst ein Dirigent
mit seinem Orchester nach Gent.
Dort war 'n auch Chinesen
aus Wuhan wohl gewesen.
Jetzt ist seine Band virulent.

Es spielte einst Elfie O.[3]
viel Nestroy und manchmal Feydeau.
Doch das Knie tat sie zwacken,
sie konnt 's nimmer derpacken.
Dann trank sie am Abend Bordeaux.

Sätze mit …

frei nach Robert Gernhardt und K.C. Zehrer

… Städtenamen

Tuntenhausen (83104)
Edel wohnen, kleiden, schmausen:
So ist 's wie die Tuntenhausen.

Bad Salzig (56154, Stadtteil von Boppard)
Der Kurarzt in Bavaria
spricht: „Des is wirklich sonnenklar.
Ein Solebad tut guat, ma halt sich."
Da wird mir klar: Ja, mein Bad Salzig.

Deppenhausen (89584)
Wer hamstert, hat statt Hirn nur Flausen;
da sieht man, wo die Deppenhausen.

---

[3] Elfriede Ott, österreichische Volksschauspielerin, Sängerin, Malerin und Autorin

Tittenkofen (Berliner Mundart) (85447)
Beim Schönheitsdoktor in Sonthofen
wollt ick mir geile Tittenkofen.

Köterende (27804)
Auf Chinas Märkten stehen Stände,
da frisst man Tiere ganz behände;
das ist dann auch der Köterende.

Aebtissinwisch (25572)
„Mein Gott, der Dreck hier ist ganz frisch!"
Da sprach der Papst: „Aebtissinwisch!"

Büchsenschinken (04104)
In Krisenzeit kann Mangel winken,
da helf ich mir mit Büchsenschinken

Fräulein Steinfort (23936)
Der Chef tobt wild: „Hier gilt mein Wort!"
Schnell lief das Fräulein Steinfort fort.

Rüsselsheim (65428)
Die Unterhose voller Schleim,
so ist des Mannes Rüsselsheim.

Leipzig, Danzig, Merzenich (04103, PL 80-009, 52399)
Hab meinen Leipzig Mal verwöhnt,
mir Danzig Mal das Haar getönt.
Das tat ich immer monatlich,
doch tue ich 's im Merzenich.

Bach an der Donau (93090)
Wär Bach an der Donau oder Tauber geblieben,
hätt' er nicht müssen Olympia verschieben.

Stutensee (76297)
Als Wallach tut mir 's Herze weh,
wenn ich die schönen Stutensee.

Mutterstadt (67112)
Ein Einbruch, gut geplant und glatt,
der findet nur mit Mutterstadt.

Mariaroth (Ortsteil von Dieblich, 56332)
Als Josef sein Gemächt darbot,
da wurde die Mariaroth.

Türnich (50169)
Ein Aerosol hält lange sich:
Drum schließet Fenster und die Türnich.

Nesselwangen (Stadtteil von Überlingen, 88662)
Mein Kind ist krank, ich muss drum bangen.
Es hat so rote Nesselwangen.

Hasenrain (17036, 73061, 70439)
Papa, der Stall ist viel zu klein.
Da passen nicht fünf Hasenrain.

Empfingen (72186)
Nach Emmaus die Jünger gingen,
als sie den Heil'gen Geist Empfingen.

Romanshorn (CH 8590)
Herrn Herzog schlug man derb von vorn,
schnell wuchs am Kopf des Romanshorn.

Freudenstadt (72250)
Im Rotlichtviertel von Zermatt
da finden seine Freudenstadt.

Simmern (55469)
Beim Ausflug fiel Papa vom Floß
und Mama rief: „Nu Simmern los!"

Karlsruhe (76229)
Nun hört doch auf mit dem Getue!
Das stört am Ende noch Karlsruhe.

Speyer (67346)
Der König sprach zum Prinzen klein:
„Nun Speyer in den Spucknapf rein."

Donaustadt (Stadtteil von Wien, 1022)
Seppel machte Josef platt
und fand das an der Donaustadt.

Rurich (Stadtteil von Hückelhoven, 41836)
Zieht es zur Natur mich,
dann laufe an der Rurich.

Doveren (Stadtteil von Hückelhoven, 41836)
„Was ist denn das für ein Autor?
Was der so schreibt, kommt hohl mir vor.
Das neue Buch fängt wirklich doof an."
„Du hast ja Recht, es gibt kein' Doveren."

Geilenkirchen (52511)
Auf der Fahrt nach Rom hört man
die Schüler grantig knirschen:
„Das ödet uns so langsam an.
Wann sehen wir die Geilenkirchen."

Hildesheim (31134), Heidesheim (55262)
Das Haus voll Müll und manchem Keim,
so sah es aus in Hildesheim,
zusätzlich Abwasch, Müll und Seim
fand man dann auch in Heidesheim.

Leiden (NL 2333)
Ich will den Kauf des Smokings meiden.
Viel besser ist 's, ich glaub, ich Leiden.

... Namen

Mozart (bayerische Mundart)
Wann i net will, das dem is fad,
dann kraul i meinen Mozart.

Hildegard (Knef)
Die Sonne scheint sehr stark und hart;
Paul liegt im Schatten, Hildegard.

Roland Koch
Als er an Sarahs Wienern roch,
da wurde unser Roland Koch.

Helmut Kohl
Allein wegen des Volkes Wohl
erzählte auch der Helmut Kohl.

Willi Brandt
Nach der Hitz am Würstchenstand
da hatte auch der Willi Brandt.

Lauterbach (Karl)
„Karl, was machst du für 'nen Krach?"
„Ich hör nur etwas Lauterbach."

Frankenfeld (Peter)
Ich habe wahrlich nicht viel Geld,
kauf nur für einen Frankenfeld.

Beatrix (von Storch)
Die Polizei, die merkt da nix,
wenn ich das mit der Beatrix.

Erwin (von Witzleben)
Sie präferierte das Tessin
für ihren Urlaub, doch Erwin.

Jürgen Trittin
Will nicht der Gaul die Kutsche ziehn,
bleibt keine Wahl, dann Jürgen Trittin.

Eugenie (Prinzessin)
Sie liebte Karl von vis à vis,
doch liebte sie den Eugenie.

Joe Biden
„Wem verdank ich diesen Mist? Mein Weib, es lässt sich
scheiden.
Ist 's Jeff, ist 's Nick? Ich weiß es nicht." Ich sagte ihm:
„Joe, Biden."

... sonstigen Begriffen

Brandenburg
Weil ein Depp gezündelt hat,
da Brandenburg und Oberstadt.

Partisan (bayerische Mundart)
„Schorsch, jetzt stell die net so aan,
wenn wir auf Paulas Partisan."

Schnittlauch
Sehr fleißig war die Lore auch,
sie pflückte Pflaumen und Schnittlauch.

Kaffee
Hans sprach: „Gretel, nee, nee, nee!
Das ist die Hexe und Kaffee."

Loreley
Es ist mir wirklich einerlei,
ob ich das Geld der Loreley.

Bodensee
Ich bin so gern am Königssee,
weil ich dort auf den Bodensee.
Geh ich dann schließlich ins Café,
bestelle Kaffee und Baiser,
dann schmeckt mir scheußlich der Kaffee,
wenn ich der Tasse Bodensee.

Baltrum
Das Virus krempelt vieles um.
Ach, wär die Seuche doch Baltrum.

Artefakt
Manchen Menschen fehlt 's an Takt.
Ja, das ist auch bei Artefakt.

Comedy
„Merkel kommt mit Sarkozy."
„Nein, wirklich? Sag, wann Comedy?"

Franzbranntwein
Die Mutter sprach: „Jung, lass das sein."
Es war vergeblich, Franzbranntwein.

Burgverlies
Das Burgfräulein war richtig fies,
der Ritter drum die Burgverlies.

Mitglied, Gliederschmerzen
Üblich ist ein Mann Mitglied.
Doch geht es mir zu Herzen,
wenn weitere bei ihm man sieht.
Ob seine Gliederschmerzen?

Insektenleben, Insektensterben
Soll man dir Sinn und Antwort geben?
Dann solltest du Insektenleben.
Doch Moon und Hubbard wollten erben.
Drum sollst du auch Insektensterben.

Wasserwaage

Jesus sprach zu seinen Jüngern:
„Glaubt mir, Leute, was ich sage,
weil ich mich jetzt aufs Wasserwaage."

Kanton

Er ist ein großer Star-Tenor,
doch heiser bringt Kanton er vor.

Roman

Sternickel[4] steckte Mühlen an,
doch Nero sprach: „Steckt Roman!"

Andante

Beatrice, die ihn kannte,
griff zum Papier und schrieb Andante.

Trommelfeuer

Der Brand war wirklich ungeheuer.
Zum Schluss fing auch die Trommelfeuer.

Geschüttelt, nicht gerührt

Die duftig rote Heckenrose
pickt dort an des Recken Hose.

Dort hinten an den Rosenhecken
sah ich was aus Pauls Hose recken.

---

[4] deutscher Brandstifter und Mörder im 19./20. Jahrhundert

Man trug den Lorbeer dir ins Haus,
doch leider ging da Nils Bor leer aus.

Schimmel auf der Schokolade,
das findet auch El Loko[5] schade.

Ein großes, dickes Weinfass,
das ist aber fein, was?

Zum Maler sprach Fürst Metternich:
„Mal er doch etwas netter mich."

Nach Alkohol im Dämmerlicht
da waren alle Lämmer dicht.

Das Wetter, das ist heute tropisch,
wir brauchen reichlich Wasser pro Tisch.

Er schlug sie mit dem Hackebeil,
trotzdem blieb ihre Backe heil.

Nach dem 0:8 im Fußball
macht die Mannschaft einen Bußfall.

Ich wohne lang in Rosenheim,
wo ich stets ohne Hosen reim.

---

[5] togolesischer Maler, Bildhauer und Autor

Lautgedichte[6]

Nanga Parbat

Hans war am Nanga Parbat.
Nachts, arschkalt war 's,
lag Hans samt Schlafsack am Abhang.
Hans war bang,
dachte an Lang Lang.
Hans sang.
Das klang.
Knarr! Knack!
Abhang brach ab.

Knall dann Fall. Krass!
Hans' Talfahrt war rasch.
Mannschaft fand Hans' Schlafsack.
Fand man Hans?
Ja, am Samstag.
Hans Hals barst.
BAMS macht klar:
Drama am Nanga Parbat!

***

---

[6] Gedichte, in denen nur immer ein und derselbe Vokal vorkommen
darf.

Tjark

Tjark aß Aal.
Tjark aß Lamm.
Tjark aß Ananas.
Tjark trank Walsaft.
Saft gab Tjark Kraft.
Tjark aß Quark.
Tjark war ganz stark.
Tjark bat: „Papa, Blattsalat."
Ab dann aß Tjark Salat, Salat, Salat.
Papa: „Tjark, lass das!
Salat macht schwach."
Tjark: „Quatsch!"
Papa hat Angst, macht Krach.
Tjark: „Pappalapapp."
Tjark war schlapp.
Tjark war mal.
Ach ja!

***

Dana

Dana macht Spaß.
Dana strahlt.
Dana lacht.
Dana tanzt Cha-Cha-Cha.
Dana tanzt Samba.
Mama: "Caramba!
Lass das!"
Dana: „Ja, ja, Mama."
Dana kracht ans Stahlrad.
Dana macht schlapp.
Dana war acht.

***

Papas Alpakas

Papa mag Alpakas.
Papa hat acht Alpakas.
Damals kam das:
Alpaka Gandalf
war brav, half Papa, half, half.
Dann war 's Gandalf fad.
Gandalf schwamm am Strandbad.

Als Gandalf acht war,
kam das Alpaka an Nachbars Nachtbar,
trank Ananas Saft,
trank Alt,
trank Grappa.
Dann sprang Gandalf am Kanal lang.
Gandalf sang.
Gandalf stank.
Gandalf war krank.
Gandalf sprach: „Alaaf Papa!
Gandalf trank Grappa."
Papa: „Quatsch."
Gandalf: „Aber klar.
Frag Nachbar."
Nachbar Karl sprach: „Ja,
das Alpaka war da."
Papa war baff.

Am Tag danach:
Gandalf brach,
war dann blass,
fraß Salat,
aß Quark,
war dann stark.
Papa war dankbar: Allah akbar.

***

Merkels Welt

Merkel regelt Gesetze.
Merkel jettet wegen Treffen.
Ferne Welten sehen Merkel.
Merkel redet.
Merkel bewegt Herzen der Menschen.
Merkel bewegt Seelen der Menschen.
Menschen ferner Welten verehren Merkel.

Merkel redet gegen Rechtsextreme.
Menschenmengen sprechen gegen Merkel:
Merkel weg, Merkel weg!
Merkel steht.
Menschen sprechen:
Merkel geh! Merkel geh!
Merkels Seele schmerzt.
Merkel steht senkrecht.

Geht Merkel denn weg?
Nee, nee.
Merkel geht eben essen -
Reh schmeckt.
Neben dem Essen denkt Merkel.
Merkel denkt eben erst.
Merkel begeht Kehrtwende.

Merkel steht stets neben den Kerlen der Welt.
Kerle sehen clevere Merkel.
Kerle verstehen Merkel.

Merkel redet und regelt Geschehenes.
Merkels Reden werden besser.
Merkels Reden werden verwegen.
Wenn Merkel geht, steht es schlecht.

Presse meckert gegen Merkel.
Mehr Menschen meckern gegen Merkel.
Merkel gesteht Fehler.
Merkels Stern vergeht.
Rebellen ekeln Merkel weg.
Jede Menge Gerede -
Merkel geht.
Wer beerbt Merkel jetzt?
Jens S? Nee.
Merz? Nee! Nee?
Echt besser!?

***

Killing in Mississippi

Finn ist in Mississippi,
in Sin City.
Finn trinkt Pils.
Finn trinkt Gin.
Finn trifft Tim.
Tim spritzt mit Gin.
Pling!
Gin trifft Finns Kinn.
Tim grinst.

Finn spricht: „Fick dich."
Tim: „Idi!"
Finn tickt nicht richtig.
Finn kickt Tim wild.
Tim stirbt.

Finn ist richtig sickig.
Finn nimmt Billy ins Bild.
Billy ist blind,
ist sichtlich kindisch
sitzt im Spind.
Finn killt Billy.
Finn killt Willi.

Milli stillt mini Lilly.
Finn sticht mini Lilly.
Finn sticht Milli.
Lilly ist hin.
Milli stirbt still.

Finn trifft Liz mit Phil.
Finn will Liz.
Liz isst Kiwis, spricht:
„Schwing dich, Hirni.
Will dich nicht!"
Finn: „Ich kill dich!"
Phil: „Nicht, Wicht!"
Finn ringt mit Phil.
Phil wird giftig.
Phil tritt Finn.

Phil ist listig.
Phil springt mit Liz ins Mississippi-Schiff.

Finn wird wild.
Finn wird irrsinnig.
Finn killt Twiggy.
Finn killt Miss Piggy.
Finn killt sich mit Sprit.
Fixit.

***

Sissis Kind

Lilli ist Sissis Kind.
Sissi isst Fisch.
Lilli: „Ich will Fisch nicht!"
Sissi schimpft: "Iss Kind, iss!"
Lilli: „Igitigit, Fisch!"
Sissi: „Iss Lilli!"
Lilli will nicht.
Lilli wird wild.

Ring, ring, ring!
„Ich bin 's, Iris."
Sissi: „Iris, Lilli spinnt."
Lilli: „Diss mich nicht!"
Iris: „Still Lilli, ich chill mit dir."

Lilli chillt nicht mit.
Lilli kifft Shit.
Iris spricht mit Lilli.
Iris: „Kiff nicht!"
Lilli: „Hi hi hi hi hi hi.
Kiffen ist hipp.
Kiff mit."
Iris: „Ich kiff nix."

Lilli fixt.
Iris: „Nicht, Lilli, nicht!"
Lilli: „Ich will ins Licht."
Lilli ist im Licht.
Lilli ist richtig wirr.
Iris: „Sissi, hilf mir!"
Sissi schrill: „Lilli, nicht!"
Lilli singt.
Lilli schwingt.
Lilli springt.
Lilli stirbt.
Sissi: „Niiiicht!"
Sissi stirbt mit Hirn-Klimbim.
Iris wird irrsinnig.
Film finit.

***

SOKO Bonn

Bonns SOKO tobt.
Don Bosco, Boss vom Kosovo, floh.
Don Bosco floh solo.
POK Bodo: „Los, folgt Don Bosco!"
Don Bosco holt flott Koks vom Motodrom.
Coco lockt Don Bosco: „Komm schon, Rom lohnt."
Voll von Koks
rollt Don Boscos Ford fort.
SOKO Bonn folgt Don Bosco.
Vor Rom stoppt SOKO Bonn Don.
„Stop, Strolch!" tont POK Bodo voll Spott.
Bosco droht Schock.
Bosco robbt flott fort, holt Colt vom Motorblock.
Bodo: „Bosco, Colt fort! Sonst tot. Yolo!"
Don Bosco: „So 'n Schrott!
Oh Gott, Komplott."
SOKO: Lol.
Vollhorst Don Bosco schmollt trostlos.
SOKO Bonn: „Top Job! Prost!"

***

Knut und Ruth

Knuts Uhu ruft: „Uhu!"
Knuts Kuckuck guckt zu.
Knuts Kuh muht.
Und Knut?
Knut ruht
und knutscht Ruth.
Ruth tut Knut gut.
Nun knurrt Knuts Gnu.
Ruth: „Und nu?"
Knut: „Nur Mut, Ruth.
Gnu muss zur Kur,
zur Rur
und zur Unstrut."
Knuts Uhu ruft: „Zum Kuckuck!
Nur Lug und Trug."
Nun pupst Knuts Gnu Blutwurst.
Ruth stutzt.
Knut putzt.
Knuts Kuh muht: „Durst!"
Ruth flucht: „Humbug!"
Und bucht Flug
zum Uluru.
Durch Unmut und Wut
spuckt Knut Blut.
Knuts Gnu guckt.
Knut zuckt.
Schluss.

***

Heins Schwein

Heins Schwein heißt Einstein.
Heins Schwein pfeift.
Hein: „Sei leis, Einstein."
Einstein pfeift leis.

Hein: „Schweig, Schwein!"
Einstein dreist: „Kein Fleiß, kein Pfeif-Preis."
Hein schreit: „Schweig! Weil:
Ein Eisbein, weich, beim Reisbrei.
Zwei Weißwein, fein!"

Einstein scheint gleich bleich,
zeigt zeitgleich
Schweinsschweiß.
Einstein weint.

Hein meint:
„Nein, Einstein, kein Streit.
Bleib mein Schwein.
Mein Schwein pfeift fein."
Geil!

***

Ein A E I O U – Gedicht

Anna aß am Anfang Aal.
Emres Eltern essen Ente.
Iris isst Iltis in Igling.
Otto kotzt Kopf vom Frosch vors Klo.
Ulf unkt: „Puuuhh – Uhubrust."

***

Ungeklärte Frage

Schick gekleidet und ästhetisch
saß sie am Esstisch,
er am Teetisch
und beide später am Kaffeetisch.
Kann ein Kaffeetisch ein Fetisch sein?
Oder ein Teetisch?
Oder Kaffee und Tee ohne Tisch, nur allein?
Isch weiß es nisch.

***

Leeres Gerede

In einer alten Reederei
gibt es sehr oft Rederei.
Man schwingt Reden über Reeden.
Auch auf der Reede gibt 's Gerede
über dies und über jeden.
Und es spricht, ganz klar, ein jeder
auch über 'n Reeder
und ohnehin
die Reederin.

Man redet in der Reederei,
doch niemals übers Reh dabei
und niemals übers Ei.
Das wird moniert
und diskutiert.
Zerredet man 's
jetzt ganz?
Lange Rede, kurzer Sinn,
den Kompromiss gibt 's immerhin:
Die Schiffe dieser Reederei
hab'n auf der Flagge nun ein Ei
und außerdem ein Reh.
Es ist jetzt eine Rehderei.
In China heißt 's: au wei, au wei.

***

Nachwort

Geschafft! Der dritte Gedichtband ist fertig.

Als ich vor etwa zwei Jahren begonnen habe, für dieses Buch zu arbeiten, hätte ich nicht gedacht, welche Wendung das Leben und damit auch manche Texte nehmen würden. Dass es in meinen Gedichten auch einmal um ein Virus gehen würde, wäre mir damals nicht in den Sinn gekommen. Umso erfreulicher ist es, wenn alles zu einem guten Ende kommt. Auch wenn manches Gedicht recht morbide ist, so passt doch schwarzer Humor in diese Zeit recht gut.

Wieder habe ich einigen Leuten für ihre Hilfe zu danken.

Da ist zuerst einmal Lena Corsten, die sich ein weiteres Mal um das passende Cover gekümmert hat.

Ich danke Agathe und Kurt, die meine Arbeit immer mit Interesse begleitet und mich moralisch unterstützt haben.

Außerdem danke ich einmal mehr meinem Mann Erwin, der mir erneut ein geduldiger Zuhörer war, mir mit Kritik und Rat zur Seite gestanden hat. Er ist mein Gradmesser für humorvolle Texte.

Euch allen vielen Dank!

HD, November 2020

Inhalt

Der Lyrikband enthält Gedichte, die jeder verstehen kann, Gedichte, die einem Lebensgefühl Ausdruck verleihen, dass sich irgendwo zwischen Dur und Moll befindet oder zwischen Heiterkeit und Melancholie. Es heißt, mit einem inneren Lächeln auf die Dinge zu schauen, die wir nicht oder nur bedingt ändern können. Die Texte befassen sich mit aktuellen Themen wie Politik und Gesellschaft ebenso wie mit Naturphänomenen sowie sprachlichen Spielereien.

BoD 2017
2. verbesserte Auflage, 2018
ISBN 978-3-738-64482-1

Der Lyrikband enthält Texte, die Probleme gesellschaftlicher, politischer oder rein menschlicher Natur pointiert, aber oft humorvoll darstellen, ohne aber über deren Ernsthaftigkeit hinwegzutäuschen. Manchmal ist es aber auch bloße Freude am Spiel mit der Sprache, die Anlässe für die Verse schafft.

BoD 2018
ISBN 9-783748-110248